Pour le Mérite

Stefan Scheil/Robert Owen

DIE RUSSISCHE VERSCHWÖRUNG

Wie Deutschland der Erste Weltkrieg aufgezwungen wurde

Titelseite: Das Titelbild zeigt russische Infanteristen
des Ersten Weltkrieges.

Bibliographische Information der Deutschen Bibliothek
Die Deutsche Bibliothek verzeichnet diese Publikation in der Deutschen Nationalbibliographie; detaillierte bibliographische Daten sind im Internet über www.dnb.de abrufbar.

ISBN 978-3-932381-91-1

2. unveränderte Auflage 2024

Pour le Mérite – Verlag für Militärgeschichte
Postfach 52, D-24236 Selent

Gedruckt in der Europäischen Union

Teil 1: Stefan Scheil

Wer ist Robert L. Owen?

Werfen wir zu Beginn einen Blick auf eine amerikanische Karriere zwischen Idealismus, Ehrgeiz und Pragmatismus. Unser Autor Robert Latham Owen (1856–1947) wurde im Jahr 1907 als einer der beiden ersten Senatoren des damals neu proklamierten US-Staates Oklahoma gewählt.[1] Parteipolitisch gesehen in den Reihen der Demokraten verortet, machten seine Wähler Owen zum damals erst zweiten US-Senator, der auf indigene Wurzeln verweisen konnte. Seine Mutter entstammte einer angesehenen Familie aus dem Stamm der Cherokee, lebte allerdings ein Leben, das man heute wohl „integriert" nennen würde. Robert Owen wuchs daher im besten Viertel der Stadt Lynchburg auf, die 1860 das zweithöchste Pro-Kopf-Einkommen der Ver-

[1] Die nachfolgende Darstellung stützt sich auch auf die Studien von Kenny Brown: *Robert Latham Owen, Jr – His Careers As Indian Attorney and Progressive Senator*. Phil. Diss. Oklahoma State University 1985 und Edward Elmer Keso: *The Senatorial Career of Robert Latham Owen*, Gardenwale 1939.

Robert Latham Owen (1856–1947)

einigten Staaten aufwies. Sein Vater leitete die regionale Eisenbahn. Um ihre stattliche Residenz zu pflegen und den Haushalt zu führen, hielt die Familie auch einige Sklaven, bis der amerikanische Bürgerkrieg dem ein Ende machte.

Dem Ansehen und den Ambitionen seiner Familie entsprechend, erhielt Owen eine für amerikanische Verhältnisse ungewöhnlich klassische Bildung, die an Sprachen unter anderem Latein und Griechisch, Französisch und Deutsch umfaßte. Auf der Universität schloß er sich der bis heute sehr agilen „Alpha Tau Omega"-Verbindung an. Später praktizierte Owen als Anwalt und machte sich über die Jahre auch als Publizist und als Funktionär in der Cherokee-Selbstverwaltung einen Namen. Noch keine dreißig Jahre alt, amtierte er seit 1885 in deren Spitzenposition als „Indian Agent" bei der „Union Agency", die fünfundfünfzigtausend Personen und etwa zehn Millionen Hektar Land verwaltete. Da die „Selbstverwaltung" dieses noch staatenlosen Gebietes natürlich unter amerikanischer Oberhoheit stattfand, wurde für Owens Ernennung die Billigung des US-Senats nötig. Zudem führte ihn sein Posten künftig regelmäßig nach Washington, ein wichtiger Schritt zur Beteiligung an der amerikanischen Bundespolitik.

Seit 1890 stand Robert Owen auch der First National Bank of Muskogee vor, am Ort der Verwaltungsresidenz der Union Agency. Die folgenden Jahre verschafften ihm in einer merkwürdigen Entwicklung dann einen Ruf als einem der grundsätzlichen Vordenker für neue Strukturen des amerikanischen Bankwesens. 1899 unternahm er eine erste Europareise und studierte das dortige Bankgeschäft, traf sich – obwohl nur Vorstand einer Provinzbank – auch mit Vorständen der Bank von England und der Deutschen Reichsbank. In die USA zurückgekehrt und schließlich 1907 mit dem Washingtoner Senatorenrang ausgestattet, bereitete er jenen Schritt mit vor, der nach dem Wahlsieg der Demokraten bei den Präsidentschaftswahlen im Jahr 1912 in die Tat umgesetzt wurde: Owen übernahm den Vorsitz eines Senate Committee on Banking and Currency. In diesem Amt gehörte er mit zu den Gedankengebern des Federal Reserve Act. Das schließlich im Dezember 1913 erlassene Gesetz über die Gründung der amerikanischen Notenbank trug unter vielen anderen auch seine Handschrift, obwohl seine Rolle letztlich eher in der parlamentarischen Durchsetzung als in der Konzeption des Gesetzes bestanden hatte. Präsident Woodrow Wilson[2] drückte ihm nach dessen Verabschiedung persönlich seinen warmherzigen Dank dafür aus, wie er „dieses schwierige und herausfordernde Geschäft gehandhabt“ hatte.

Als demokratischer Senator vertrat Owen während des Ersten Weltkriegs trotz einigem Hin und Her immer wieder die Linie Wilsons. Über die komplexe Vorgeschichte des europäischen Kriegsausbruchs im August 1914 wußte Owen wie der überwiegende Teil des politischen Washington vergleichsweise wenig. Dem äußeren Eindruck nach schien der Konflikt jedenfalls letztlich von Deutsch-

[2] Thomas Woodrow Wilson (1856–1924), US-amerikanischer Politiker der Demokratischen Partei und von 1913 bis 1921 Präsident der Vereinigten Staaten von Amerika. Unter Wilsons zweiter Amtszeit traten die Vereinigten Staaten auf seiten der Entente am 6. April 1917 in den Ersten Weltkrieg ein.

land ausgegangen zu sein, ohne daß man sich andererseits in Washington grundsätzliche Illusionen über die britische Kriegslust in allen Teilen der Welt gemacht hätte. Der Krieg schien die Folge „europäischer“ Politik zu sein und die „Kriegsschuldfrage“ zu diesem Zeitpunkt noch keineswegs in dem Maß einseitig moralisch aufgeladen, wie sie es dann 1918/19 sein sollte.

Den ebenfalls schon länger andauernden US-amerikanischen Rüstungsanstrengungen hatte Owen skeptisch gegenübergestanden und sich öffentlich gegen die amerikanische Flottenvorlage von 1910 und deren horrende Kosten ausgesprochen. Auf den Kriegsausbruch reagierte er mit der Idee eines öffentlichen Friedensgebets des Präsidenten und dachte sich auch mehrere mögliche Friedenskompromisse der europäischen Mächte aus. Dessenungeachtet trug er die Entscheidungen mit, mit denen Wilson die USA trotz aller gegenteiligen Beteuerungen nach und nach zum Kriegsteilnehmer werden ließ.

Man tut Owen sicher kein Unrecht, in diesem Verhalten ein innenpolitisches Taktieren zu vermuten, das seine durchaus vorhandenen idealistischen Ansätze immer wieder überlagerte. Im Frühjahr 1915 lancierte er die Idee einer internationalen Konferenz im holländischen Den Haag, die den Krieg mit einem Ausgleich zwischen allen Kriegsparteien beenden sollte. Zugleich sollte künftig eine internationale bewaffnete Streitmacht dafür garantieren, daß kein neuer Krieg ausbrach. Als eine weitere Idee brachte Owen ebenfalls 1915 den Vorschlag ins Gespräch, dem US-Kongreß das Recht auf Kriegserklärung zu nehmen und diese an einen Volksentscheid zu binden.

Jedenfalls, wenn die USA die angreifende Partei sein sollten, die den ersten Schuß abgab. Dieser Vorschlag traf im Kongreß auf wenig Gegenliebe, obwohl er ja dessen Rechte im Verteidigungsfall nicht geschmälert hätte.

Im politischen Tagesgeschäft befürwortete Owen während des Krieges Dinge wie die „Ship Purchase Bill", die sich kurz zusammengefaßt als Vorhaben einer Handelsmarine im amerikanischen Staatsbesitz verstehen läßt. Bestehen sollte sie im wesentlichen aus deutschen Frachtern, die seit Kriegsausbruch in den USA festsaßen, und sie sollte es ermöglichen, unter US-Flagge den amerikanischen Export in Richtung Deutschland wenigstens teilweise weiterzuführen. Ein Drittel des Baumwollexports war in Friedenszeiten dorthin gegangen; der Krieg und die britische Seeblockade für Europa stoppten das und ließen die Baumwollpreise in den USA phasenweise ins Bodenlose fallen. Existenzen waren bedroht, vor allem in den Südstaaten. Mit einer Mischung aus Drohungen, auch deutsche Schiffe unter US-Flagge zu kapern oder zu versenken, und Entgegenkommen erreichte die britische Regierung den Stopp des Projekts. Dafür nahm künftig das britische Empire eine deutlich höhere Menge an Baumwolle ab als bisher. Diese schwierigen ökonomischen Aspekte der eigenen Kriegsführung meisterte die Londoner Diplomatie mit einigem Geschick.

In der Zwischenzeit schuf die aus Verzweiflung ausgerufene deutsche Gegenblockade der Britischen Inseln die bekannten und oft beschriebenen politischen Probleme. Man könnte auch sagen, sie lieferte gern angenommene Vorwände für den amerikanischen Kriegskurs. Als 1915 der trotz aller deutschen Warnungen in blockierten

Gewässern fahrende, mit Passagieren und Kriegsmaterial reichlich beladene britische Passagierdampfer Lusitania von einem zu Blockadezwecken eingesetzten deutschen U-Boot versenkt wurde, verurteilte auch Senator Owen diesen Kriegsakt als „illegal, inhuman und barbarisch“. Aber er forderte zugleich Zurückhaltung:

> *„Die Fähigkeit der Vereinigten Staaten, während dieses gigantischen Krieges die menschliche Rasse zu retten, kommt besser durch strenge Selbstbeherrschung zum Ausdruck als durch eine Welle der Emotion, die uns in den Krieg zieht.“*

Sein Präsident Wilson zeigte sich weniger zurückhaltend und schickte eine scharfe Warnung nach Berlin. Sie fiel so scharf aus, daß sein eigener Außenminister William Jennings Bryan[3] darin eine Verletzung der amerikanischen Neutralität sah, da Vergleichbares gegenüber britischen Aktionen nie ergangen sei. Diese Meinungsdifferenz in der US-Regierung existierte aber nur kurz. Bereits am 8. Juni 1915 trat Bryan aus Protest gegen eine weitere einseitige Note des Präsidenten zurück. In der Presse gab es Gerüchte, wonach im Rahmen einer Personalrochade

[3] William Jennings Bryan (1860–1925), US-amerikanischer Politiker, zunächst der Populisten-Bewegung, später der Demokratischen Partei. Vom 5. März 1913 bis zum 9. Juni 1915 war er US-Außenminister im Kabinett Wilson. Bryan trat nach Versenkung der *Lusitania* von seinem Amt zurück, da seiner Meinung nach Deutschland ein Recht hatte zu verhindern, daß seinen Feinden Kriegsmaterial geliefert wird und er die Verwicklung der Vereinigten Staaten in einen Krieg mit Deutschland befürchtete.

Thomas Woodrow Wilson
(*siehe Fußnote S. 8*)

William Jennings Bryan
(*siehe Fußnote S. 11*)

Robert Lansing
(*siehe Fußnote S. 13*)

Arthur Zimmermann
(*siehe Fußnote S. 15*)

der amtierende Finanzminister William Gibbs McAdoo[4] ins Außenministerium wechseln und Senator Robert Owen der neue Finanzminister werden könnte. Dies geschah nicht, denn Wilson ernannte den bisherigen zweiten Mann im State Department, Robert Lansing[5] zum neuen Außenminister. Lansing aber gehörte zu jener Fraktion, die das angebliche deutsche Streben nach Weltherrschaft für die Quelle allen Übels hielt oder die es jedenfalls für opportun hielt, so zu argumentieren.

Unter diesen erschwerten Bedingungen machte sich Robert Owen weitere Gedanken über grundsätzliche Kriegsursachen. Im November 1915 schrieb er an Wilson und griff wieder ein Thema auf, das später in der Nachkriegszeit in aller Munde sein sollte. Die bisher übliche Geheimdiplomatie sei eigentlich die Ursache des Krieges. Wenige Männer regierten die Staaten nach Gutdünken und führten sie in Kriege, die dann das Volk auszubaden habe. Volksherrschaft und Transparenz seien also das beste Mittel gegen Kriege, ließ er den Präsidenten wissen. Auch seine Idee eines Volksentscheids über amerikanische Kriegserklärungen verfolgte Owen weiter, unterstützt von einem durchaus namhaften Teil der amerikanischen Öffentlichkeit, zu der im Jahr 1916 auch der frühere

4 William Gibbs McAdoo (1863–1941), US-amerikanischer Politiker der Demokratischen Partei, Senator und von März 1913 bis Dezember 1918 Finanzminister.

5 Robert Lansing (1864–1928), Rechtsanwalt und von 1915 bis 1920 Außenminister der Vereinigten Staaten von Amerika. Lansing vertrat gegenüber US-Präsident Wilson die Ansicht, daß Deutschland nach der Weltherrschaft strebe und die USA daher gegen Deutschland in den Krieg eintreten sollten.

und 1915 zurückgetretene Außenminister Bryan zählte. Der Kampf gegen den drohenden amerikanischen Kriegseintritt trug phasenweise Züge eines Kulturkampfs.

Am 5. Januar 1916 trat Owen im Senat mit der Anregung auf, eine offizielle Regierungswarnung für US-Bürger auszusprechen, überhaupt auf Schiffen von Kriegsparteien zu fahren, und mit der zusätzlichen Forderung, amerikanische Funktionsträger nur noch auf US-Schiffen fahren zu lassen. Hintergrund war der Tod eines US-Beamten, der Ende 1915 bei der Versenkung des britischen Dampfers „Persia" im Mittelmeer umgekommen war. Sein Senatorenkollege Thomas Pryor Gore[6] überbot noch am gleichen Tag diese Vorstellungen Owens und stellte den Antrag zur Abstimmung, Amerikanern generell die Reisepässe zu entziehen, sollten sie auf Schiffen von Kriegsparteien reisen wollen. Präsident Wilson gelang es, diese Debatte abzuwürgen.

Später im Jahr 1916 zog Owen an der Seite Woodrow Wilsons in einen der verlogeneren Wahlkämpfe der amerikanischen Geschichte. Diszipliniert wie die übrige Prominenz der demokratischen Partei versprach er der Nation, Wilson werde als amtierender Präsident Amerika aus dem Krieg heraushalten. Kaum drei Monate nach dessen Wahlsieg im November lieferte dann wieder einmal der deutsche U-Boot-Krieg den Vorwand, die diplomatischen Beziehungen zu Berlin abzubrechen. Dies geschah am 3. Februar 1917.

---

[6] Thomas Pryor Gore (1870–1949), US-amerikanischer Politiker und Rechtsanwalt. Von Dezember 1907 bis März 1921 Senator für die Demokratische Partei.

Den noch vorhandenen innenpolitischen Restwiderstand gegen einen antideutschen Kriegskurs torpedierte dann sozusagen ab dem 1. März 1917 die „Zimmermann“-Affäre. Arthur Zimmermann[7], als Staatssekretär des Auswärtigen Amtes formal der Leiter der deutschen Außenpolitik, hatte den deutschen Botschafter in Mexiko per Telegramm ermächtigt, der Republik Mexiko für den Fall eines Kriegseintritts auf deutscher Seite die US-Staaten Texas, Arizona und Neu Mexiko als Kriegsbeute anzubieten. Auch solle man möglichst Japan in eine solche Allianz mit einbeziehen und als Anreiz dafür „Kalifornien reservieren“. Ein unter vielen Gesichtspunkten erstaunlicher Vorschlag, handelte es sich bei Japan doch um einen aktuellen Kriegsgegner, der Deutschland 1914 wegen des britischen Versprechens auf Erbeutung von dessen pazifischen Besitzungen überfallen hatte.

Den Gedanken, ein über den Feindstaat Großbritannien laufendes Überseekabel sei vielleicht kein ausreichend sicherer Weg zur Übermittlung solcher Nachrichten, hatte man in Berlin anscheinend beiseitegeschoben. Von britischen Stellen dort abgefangen und genüßlich

[7] Arthur Zimmermann (1864–1940), deutscher Diplomat. Zimmermann wurde im November 1916 als erster Nichtadeliger Staatssekretär im Auswärtigen Amt. Als solcher unterbreitete er der *Entente* im Dezember 1916 ein Friedensangebot, das diese jedoch ablehnte. Im Januar 1917 verfaßte er die „Zimmermann-Depesche“ an die deutsche Botschaft in Mexiko-Stadt mit dem Vorschlag, ein Bündnis mit Mexiko und Japan anzubahnen, um im Falle eines Kriegseintritts die USA im Süden angreifen zu können. Das Telegramm wurde allerdings vom britischen Geheimdienst entschlüsselt und an die USA weitergeleitet, was diplomatische Verwicklungen nach sich zog.

der amerikanischen Öffentlichkeit präsentiert, entfaltete dieser abenteuerliche Vorgang des Zimmermann-Telegramms eine verheerende Wirkung. Er schien alle negativen Eindrücke über die deutsche Gedankenwelt plastisch zu bestätigen. Owen persönlich forderte öffentlich eine Befestigung der amerikanischen Pazifikküste, auch wenn er gleichzeitig und wohl völlig zutreffend feststellte, Japan werde sicher keine Allianz mit Deutschland und Mexiko eingehen. In der Tat sicherte das kaiserliche Inselreich seine zugesagte Beute und trat 1919 als „Hohe Macht" an der Seite der Sieger in die Regelungen des Versailler Vertrages ein. Es sollte noch zwei Jahrzehnte dauern, bis Japan sich in Feindschaft zu den USA und Großbritannien wiederfand.

Fortan blieb Robert Owen 1917 in den parlamentarischen Abläufen prominent vertreten, in denen die Regierung Wilson den im Senat noch vorhandenen Restwiderstand gegen ihren Kriegskurs überwand. Eine von der republikanischen Opposition anberaumte Sitzung zur Debatte über die Bewaffnung amerikanischer Handelsschiffe füllten demokratische Senatoren mit stundenlangem „Filibustieren" über das Thema. Owen gehörte zu den letzten Rednern. Am 4. April 1917 stimmte er im Senat schließlich für die Kriegserklärung der USA an Deutschland.

Es folgte ein weiterer Schritt, den Owen später bereuen sollte. Gerade einmal zehn Tage nach der amerikanischen Kriegserklärung an Deutschland trat er mit einer ausführlichen „Geschichte" in die Öffentlichkeit, wie es denn 1914 zum Krieg in Europa gekommen sei und warum nun also die USA als Spätfolge mit darin verwickelt worden wären. Er betete darin völlig ungebremst und unreflektiert die offizielle Propagandaversion der neuen Verbündeten Frankreich und Großbritannien nach. Schuld sei ein tief in der deutschen Kultur verwurzelter „Militarismus". Die deutschen „Autokraten" hätten Österreich dazu 1914 gebracht, unannehmbare Forderungen an Serbien zu stellen und damit den Krieg für ganz Europa unvermeidlich gemacht. Später hätten sie auch noch internationales Recht durch den U-Boot-Krieg gebrochen. Mit solchen Phantasiegeschichten wurde im weiteren die gesamte amerikanische Öffentlichkeit systematisch überzogen.

Trotz dieser staatstragenden und loyalen Haltung gegenüber dem Kurs des Präsidenten geriet Owen dann noch im ersten Kriegsjahr ins Feuer der Presse, die seine immer noch vorhandenen Vorbehalte offenbar erkannt hatte. Owens Bedenken richteten sich unter anderem gegen die hemmungslos steigenden Kriegsausgaben, von denen natürlich viele einflußreiche Kreise profitierten. Die *New York Times* attackierte ihn und zwei weitere Senatoren im Juli 1917 mit dem starken Vorwurf der faktischen Kriegssabotage:

> *„Sie haben dafür gekämpft, Maßnahmen zur nationalen Sicherheit zu verhindern. Sie haben die Regierung während einer gefährlichen Krise behindert. Sie haben den vereinten Beifall aller Feinde dieses Landes verdient."*

Es war nicht ganz ungefährlich, innerhalb der allgemeinen Kriegsstimmung in den USA einen kühlen

Kopf bewahren zu wollen. Monate später geriet Owen zusammen mit anderen Befürwortern einer neu einzurichtenden „Federal Reserve Foreign Bank" sogar in verdeckte Ermittlungen des amerikanischen Finanzministeriums. Das von ihm geplante neue Institut sollte in diesen Kriegszeiten zur Absicherung der Währungskurse für den internationalen Handel dienen und rief ausgerechnet das Mißtrauen des Chefs des „Federal Reserve Board" hervor, an dessen Schaffung Owen vor Jahren beteiligt gewesen war. William P.G. Harding[8] überzeugte den Finanzminister William G. McAdoo, den Secret Service mit einer Untersuchung zu beauftragen, ob hier nicht verdecktes deutsches Geld am Wirken sei. Auch eine entsprechende Anweisung des Präsidenten stoppte die Untersuchung zunächst nicht.

Im Juli 1917 wies Owen den Angriff der *New York Times* jedenfalls als unverschämten Eingriff in sein Recht auf freie Meinungsäußerung zurück und als Angriff auf seine Pflichten als Senator. Unverdrossen arbeitete er eine Initiative aus, die den Wildwuchs der amerikanischen Kriegsausgaben unter parlamentarische Kontrolle stellen sollte. Ein „Joint Committee on Expenditures in the Conduct of the War", also ein Ausschuß des Kongresses, sollte demnach das Recht bekommen, sämtliche Kriegsausgaben zu sichten und zu bewerten. Ein Vetorecht war nicht vorgesehen. Tatsächlich billigte der Senat diese Vorlage Owens am 21. Juli 1917.

---

[8] William Proctor Gould Harding (1864–1930), US-amerikanischer Finanzmanager. Harding war von 1916 bis 1922 Gouverneur des Federal Reserve Systems der USA (Zentralbank und Notenbank).

Das rief nun gar den Präsidenten auf den Plan, der den Vorgang wohl bis dahin übersehen hatte. Er schrieb Owen einen empörten Brief:

> *„Sie haben wohl überhaupt nicht daran gedacht, welche Verlegenheit und ständige Behinderung ein solches Komitee für die Regierung bedeuten würde."*

Für ihn selbst, den Präsidenten, bedeute das „tägliche Ausspionierung" durch den Kongreß.

Owen wies solche Bedenken in einem Antwortbrief zurück. Die ungeheuren Ausgaben, die schon auf den Weg gebracht seien, erforderten Überwachung, erklärte er. Schließlich gehe es um Steuergeld. Zudem habe Wilson doch selbst immer „gemeinsame Beratung" über die Kriegsangelegenheiten gefordert, und mehr sei ja nun auch nicht vorgesehen.

> *„Ich kann nicht erkennen, daß ein solcher Ausschuß Sie behindern könnte, und schon gar nicht, wie er als ‚tägliche Spionage' bezeichnet werden könnte."*

Von solchen Ausführungen inhaltlich wenig überzeugt, attestierte Wilson in einem Brief mit einem Anflug von Zynismus den guten Willen Owens, der sicher „nicht die Absicht gehabt habe, die Regierung zu behindern". In der Sache blieb der Präsident hart. Der Kongreß kassierte das von Owen beabsichtigte Überwachungsmodell, indem er die Vorlage im Sinne des Präsidenten abänderte.

Diese Vorgänge werfen ein wenig Licht auf die internen Anfänge des Umbaus der Vereinigen Staaten zur

Weltmacht. Bisher war man ohne ein nennenswertes stehendes Heer ausgekommen und mit einer bis dahin tief verwurzelten Arroganz gegen die angeblich rückständigen und undemokratischen Machenschaften der europäischen Mächte ausgestattet gewesen, von denen man sich fernhalten wollte. Der Eintritt in den Ersten Weltkrieg stieß hier eine nachhaltige Veränderung an, die nur in den 1930er Jahren noch einmal verlangsamt wurde, als der Kongreß mit großem Eifer „Neutralitätsgesetze" verabschiedete, die den vergangenen Zustand wiederherstellen sollten. Woodrow Wilsons Präsidentennachfolger Franklin Delano Roosevelt[9] tat sich phasenweise schwer damit, diese Gesetze zu umgehen, denn er betrieb eine weitere amerikanische Machtentfaltung im Vorfeld des Zweiten Weltkrieges. Es gelang ihm aber schließlich.

Im November 1918 endete der europäische Krieg. Woodrow Wilson traf die damals spektakuläre Entscheidung, als Chef der amerikanischen Delegation selbst zu den Friedensverhandlungen nach Europa zu reisen. Es war die erste Europareise eines amerikanischen Präsidenten überhaupt. Robert Owen entschied sich, ihn zu begleiten. Seinerseits wurde er immer noch von den oben erwähnten Ermittlungen in Sachen „Federal Reserve Foreign Bank" begleitet. Von denen ahnte er nichts, als er in London mit Spitzen der dortigen Finanzwelt konferierte, un-

[9] Franklin Delano Roosevelt (1882–1945), US-amerikanischer Politiker und von März 1933 bis April 1945 Präsident der Vereinigten Staaten. In der Regierung von Präsident Woodrow Wilson war er von 1913 bis 1921 Staatssekretär im Marineministerium.

Franklin Delano Roosevelt
(siehe Fußnote S. 20)

John Maynard Keynes
(siehe Fußnote S. 22)

ter anderem mit John Maynard Keynes[10], der damals für das britische Schatzamt tätig war. Mit Keynes dürfte sich Owen vor allem in seiner Einschätzung einig gewesen sein, wonach ein demütigender Zwangsfriede und eine Ausplünderung Deutschlands der falsche Weg seien. Die *New York Times* zitierte Owen am 8. Januar 1919 mit einer Voraussage für diesen Fall:

> *„Deutschland wird seine Zeit nutzen, seine Stärke zurückgewinnen, seine Bevölkerungszahl steigern, seinen Haß und seinen Rachedurst pflegen und schließlich mit größerer Macht zurückkehren als zuvor."*

Zu dieser Zeit galt Owen als möglicher Präsidentschaftskandidat für die 1920 kommende Wahl und ließ parallel in den USA entsprechende Vorkehrungen treffen. Noch wußte er nicht, wieviel Grund für deutschen Rachedurst die Alliierten mit dem Versailler Vertrag noch liefern würden – und wie viel Grund sie mit ihren Machenschaften und verlogenen Erzählungen über den Kriegsausbruch von 1914 bereits geliefert hatten. Seine

[10] John Maynard Keynes (1883–1946), britischer Wirtschaftswissenschaftler, Politiker und Mathematiker. Nach dem Ersten Weltkrieg war er als Vertreter des britischen Schatzamtes Mitglied der britischen Delegation bei den Versailler Vertragsverhandlungen, die er kurz vor Ende der Verhandlungen unter Protest gegen die Vertragsbedingungen, die Deutschland auferlegt werden sollten, verließ. Als Folge schrieb er 1919 das Aufsehen erregende Buch *Die wirtschaftlichen Folgen des Friedensvertrages* (*The Economic Consequences of the Peace*), mit dem er die Deutschland auferlegten Reparationszahlungen als widersinnig kritisierte.

eigenen Vorstellungen von Friedensregelungen deckten sich weitgehend mit den idealistischen „14 Punkten“ seines Präsidenten, deren Formulierung er im Austausch mit Wilson mit inspiriert hatte. Im Vertrauen auf die Verbindlichkeit dieser amerikanischen Gedanken hatte Deutschland ja auch 1918 in den Waffenstillstand eingewilligt. Am Ende blieb davon wenig übrig, und was Wilson als „Versailler Vertrag“ im Sommer 1919 dem US-Kongreß zur Billigung vorlegte, wurde dort im Washingtoner Parlament nach zähem Ringen letztlich abgelehnt. Die USA unterzeichneten später einen eigenen Friedensvertrag mit dem Deutschen Reich.

Es sollte dann ausgerechnet das innereuropäische Gezerre um die Erfüllung der Versailler Vertragsklauseln werden, das Senator Owen mit dem Thema der Kriegsverantwortung von 1914 noch einmal ganz neu in Verbindung brachte. Im Frühjahr 1923 besetzten französische Truppen wegen angeblicher Zahlungsrückstände das deutsche Ruhrgebiet und lösten eine massive Wirtschaftskrise aus. Immer noch mit der Verbesserung der internationalen Zahlungsmodalitäten befaßt, schlug sich Owen in dieser Frage auf die deutsche Seite und verurteilte das französische Vorgehen. Er reiste im Sommer 1923 wieder nach Europa, um sich ein Bild von der Lage zu machen.

Dort nun stieß er im September 1923 auf einen Augenöffner: die französische Ausgabe des vom Journalisten René Marchand[11] herausgegebenen *Livre Noir*, also des „Schwarzbuchs“, in dem zahlreiche Geheimpapiere aus der vor-

---

[11] René Marchand (1888–1962), französischer Journalist, Korrespondent der Zeitung *Le Figaro*.

Großfürst Nikolai
(siehe Fußnote S. 25)

Alexander Iswolski
(siehe Fußnote S. 25)

Sergei Sasonow
(siehe Fußnote S. 26)

Wladimir Suchomlinow
(siehe Fußnote S. 26)

revolutionären Zarenzeit nach der russischen Oktoberrevolution von der neuen Regierung veröffentlicht worden waren. Verblüfft mußte Owen durch dessen Lektüre zur Kenntnis nehmen, welche Geheimabsprachen es vor dem Kriegsausbruch von 1914 zwischen Frankreich und Rußland gegeben hatte; auf welche Art und Weise russisches Geld die französische Öffentlichkeit manipuliert hatte und welche verdeckten Teilungsabkommen zu deutschen und anderen fremden Lasten es während des Weltkrieges gegeben hatte. Er forschte weiter und kam zur zwingenden Schlußfolgerung, daß die russischen und französischen Staatsführungen den Krieg von 1914 gezielt und langjährig vorbereitet über Deutschland gebracht hatten:

> *„Die Deutschen wollten den Krieg nicht. Er wurde ihnen von den russischen Imperialisten aufgezwungen – Großfürst Nikolai*[12]*, Iswolski*[13]*,*

---

[12] Nikolai Nikolajewitsch Romanow (1856–1929). Großfürst Nikolai aus der Zarenfamilie Romanow war einer der führenden Köpfe, die für den Krieg gegen Deutschland waren. Dazu leitete er die enge militärische Zusammenarbeit mit Frankreich ein. Ziel war die Zerschlagung des Deutschen Reiches, um Österreich-Ungarn die Herrschaft über den Balkan zu entreißen. Damit wären die Voraussetzungen für eine Zerschlagung des Osmanischen Reiches gegeben, und die Dardanellen wären in Rußlands Gewalt. „Der Weg zu den Dardanellen führt durch das Brandenburger Tor!" lautete ein geflügeltes Wort in den St. Petersburger Salons. Beim Ausbruch des Ersten Weltkriegs ernannte Zar Nikolaus II. seinen Neffen zum Oberbefehlshaber der russischen Streitkräfte.

[13] Alexander Petrowitsch Iswolski (1856–1919). Iswolski entstammte dem russischen Kleinadel und war zunächst als russischer Diplomat tätig, bevor er 1906 von Zar Nikolaus II. zum russischen Außenminister berufen wurde. Er vertrat einen Bündniskurs mit Großbritannien, der im August 1907 im Vertrag von St. Petersburg zur Beilegung

> *Sasonow*[14]*, Suchomlinow*[15] *und Mitwissern unter russischer Kontrolle. Die deutschen, russischen, französischen, belgischen und alliierten Völker wurden bedauernswerte Opfer",*

faßte er schließlich zusammen.

Dabei kannte Owen wichtige Fakten noch gar nicht, wie zum Beispiel, daß Zar Alexander III.[16] schon beim russisch-französischen Vertragsabschluß 1892 als Ziel

---

von Streitfragen in Asien gipfelte. Im Oktober 1909 schloß er mit Italien das Abkommen von Racconigi, in dem sich beide Länder zur Aufrechterhaltung des Status quo auf dem Balkan verpflichteten. Nach Mißerfolgen bei weiteren Verhandlungen trat Iswolski im September 1910 vom Posten des Außenministers zurück. Anschließend war er bis 1917 russischer Botschafter in Paris, wo er entschieden für das Bündnis der Entente gegen das Deutsche Reich eintrat. Kaiser Wilhelm II. zitierte ihn mit den Worten: „Ich bin der Vater dieses Krieges." (*Ereignisse und Gestalten 1878–1918*).

14 Sergei Dmitrijewitsch Sasonow (1860–1927). Sasonow entstammte einer russischen Adelsfamilie und trat 1883 in den diplomatischen Dienst des Zaren ein. Zunächst Botschaftssekretär in London und Botschafter beim Heiligen Stuhl, war er von September 1910 bis Juli 1916 russischer Außenminister. In dieser Funktion unterstützte er die Annäherung an Großbritannien und Japan. In Sasonows Amtszeit fielen die Balkankriege, die Liman-von-Sanders-Krise und der Beginn des Ersten Weltkrieges.

15 Wladimir Alexandrowitsch Suchomlinow (1848–1926), im Dezember 1908 Chef des russischen Generalstabs und ab März 1909 russischer Kriegsminister. Während seiner Amtszeit wurden die russischen Kriegspläne auf eine Auseinandersetzung mit Deutschland als Hauptgegner umgestellt. Nach dem Fehlschlag der russischen Frühjahrsoffensive 1915 kam es im Juni 1915 zu seiner Entlassung als Kriegsminister. Wegen der gravierenden Mängel der Armee bei Ausbruch des Krieges zu lebenslanger Haft verurteilt, wurde er nach der Machtübernahme der Bolschewisten begnadigt und ging nach Berlin ins Exil.

16 Alexander III. (1845–1898), von 1881 bis 1894 russischer Zar.

Zar Alexander III. *(siehe Fußnote S. 26)*

ausdrücklich genannt hatte, es sei ein Vertrag, um Deutschland zu „vernichten" und wieder in Kleinstaaten aufzuteilen.[17] In diesem Sinn wurde auch zwischen 1911 und 1913 zwischen Frankreich und Rußland über die notwendigen Militärvorbereitungen verhandelt. Man einigte sich schließlich über die Notwendigkeit einer frühen und heimlichen Mobilmachung, gefolgt von einem überraschenden und massiven gleichzeitigen Angriff auf Deutschland von Osten und Westen. Es gibt eine große Kontinuität in der russischen Außenpolitik, die sich angesichts der Ausdehnung des Staatsgebiets natürlich auch mit anderen Regionen beschäftigen mußte, etwa der Expansionspolitik in Asien, die im Jahr 1904 zum Krieg mit Japan führte. Mit Blick auf Deutschland darf man aber von einer ziemlich geraden Linie der russischen Außenpolitik ausgehen, in der Deutschland und Österreich-Ungarn aus russischer Sicht künftig keine dominante Rolle in Mitteleuropa zukommen sollte.

Seine Erkenntnisse stellte Owen vor nun fast exakt einhundert Jahren, am 18. Dezember 1923, dem US-Kongreß in einer längeren Rede vor. Später baute er sie zu dem hier in deutscher Übersetzung vorgelegten Buch aus und verfeinerte sie. In diesem Punkt typisch amerikanisch gedacht, sollte sein Vorhaben eine knappe und präzise Darstellung liefern, „die auch ein vielbeschäftigter Mann zur

[17] Vgl. George Kennan, *Fateful Alliance*, S. 213. In diesem Sinn auch Christopher Clark in seinem vielbeachteten Buch über „Die Schlafwandler", der die Sache dann aber herunterspielt und trotz dieser Vernichtungsdrohung an gleicher Stelle unverdrossen von einer damals „gemäßigt germanophilen" Richtung russischer Außenpolitik spricht. Vgl. Clark, *Schlafwandler*, S. 180.

Kenntnis nehmen kann“. Das ist Owen gelungen. Auch hundert Jahre später kann man hier kurz, knapp und lesenswert erfahren, wie es sozusagen „eigentlich gewesen“ ist, damals im Jahr 1914. Das kann für so manchen immer noch ein Augenöffner sein.

Teil 2: Robert Owen

Die kaiserlich-russische Verschwörung

„Durch Schweigen zu sündigen,
wenn wir protestieren sollten,
macht aus Männern Feiglinge.
Die wenigen, die es wagen,
müssen sprechen und nochmals sprechen,
um das Unrecht der Menschen wiedergutzumachen."

„Poems of Problems"
von Ella Wheeler Wilcox

Das Problem

In ihren Konsequenzen war die Intrige der russischen Imperialisten die gigantischste Verschwörung aller Zeiten, da sie im Jahre 1914 bewußt und absichtlich den Weltkrieg ausgelöst hat. Alexander P. Iswolski war der böse Geist, der für die schließliche Explosion die Hauptverantwortung trug.

Das Ziel war die Kontrolle über Konstantinopel und die Dardanellen, die Herrschaft über den Balkan und die Eroberung von deutschem und österreichischem Gebiet. Das Motiv war die imperiale Gier nach Macht, politisch, ökonomisch und finanziell.

Das Gebiet Deutschlands lag zwischen Rußland und Frankreich, ohne brauchbare natürliche Verteidigungsgrenzen. Deutschlands Kriegsplan zielte deswegen darauf ab, den Erfolg eines überraschenden französischen und russischen Angriffs zu verhindern. Die deutsche Führung bereitete den Krieg vor und fürchtete ihn zugleich. Sie wußte um die schrecklichen Gefahren, denen sie ausgesetzt war. Sie hoffte, ihre eigene Kriegsbereitschaft werde die russische Führung von einem Angriff abschrecken. Aber diese Hoffnung erwies sich als trügerisch.

Ein genaues Studium der Ursachen des Weltkriegs und seines Ausgangs zeigt, daß der „Mann auf der Straße“ keinen Angriffskrieg wollte; er war patriotisch, tapfer und bereit, den eigenen Besitz samt Haus und Hof zu verteidigen, aber er war nicht bereit, aus Profitgier über seinen Nachbarn herzufallen. Die Völker der kriegsführenden Parteien waren alle in der Kriegskunst geschult und glaubten an das tapfere Soldatentum als einen besonderen Wert. Militarismus war überall zu finden.

Alle Menschen und Völker, die von diesen Ereignissen betroffen waren, wahrscheinlich neunzig Prozent oder mehr, waren frei von dem Vorwurf, irgendwelche vermessene Forderungen gestellt zu haben, und wurden schließlich Opfer dieser Tragödie.

Über siebenunddreißig Millionen Menschen starben oder wurden verstümmelt, ungezählte Millionen werden vermißt. Weitere sechs Millionen wurden Opfer von Bürgerkriegen und vierzig Millionen von nachfolgenden Seuchen; Hunderte von Millionen erlitten unbeschreibliche Ängste und Nöte. Dies geschah nicht durch einen Fehler, den sie zu verantworten hatten. Sie verdienen Mitleid.

Wenn die Völker jemals die ganze Wahrheit erkennen sollten, die Wahrheit, daß sie in die Irre geführt wurden, daß sie von Propaganda getäuscht wurden, und daß sie alle zusammen die Opfer von unklugen Entscheidungen ihrer Führer wurden, dann werden sie vielleicht in der Lage sein, füreinander mehr Sympathie als Haß zu empfinden. Vielleicht wird Verständigung möglich sein und Gutes dabei herauskommen.

Imperialisten profitieren vom internationalen Haß und schüren ihn. Sie propagieren die autokratische Herrschaft als Notwendigkeit für die Verteidigung und behaupten, die Sicherheit des Volks erfordere intensive militärische Vorbereitungen und zentralisierte Macht.

Der deutsche Kaiser rasselte gelegentlich mit dem Säbel und kultivierte den Militarismus, während er sich gleichzeitig als Wahrer des Friedens sah. Der Zar stellte eine riesige Armee auf. Österreich, Serbien, Frankreich, Italien – sie alle rüsteten bis an die Grenze ihrer finanziellen Belastbarkeit auf.

Die Völker zogen schließlich mit Mut und Loyalität auf das tödliche Schlachtfeld; sie beteten zu Gott, die eigene Sache zu segnen, für die sie das höchste Opfer brachten. Ihre Leidensgeschichte ist eine Geschichte von Leichtgläubigkeit und Patriotismus. Der Geist des exzessiven Nationalismus, Militarismus und Imperialismus, in Jahrhunderten herangezüchtet, schuf die Atmosphäre, in der dieser Krieg möglich wurde – aber erst die kaltblütig geschmiedeten Pläne der kaiserlich-russischen Verschwörer, die ihre Chance witterten, ließen ihn zur Realität werden. Die Leiter des russischen Außenministeriums wollten und planten diesen Krieg; sie fanden unglücklicherweise in der serbischen Führung und bei einigen wenigen Vertretern der französischen Regierung Verbündete, dank denen dieser Intrige ein durchschlagender Erfolg beschieden war – bis sie am Ende in eine grauenvolle Tragödie mündete.

Es ist zweifelhaft, ob auch nur ein Franzose unter zehntausend ahnte, wie Raymond Poincaré[18] Frankreich bewußt in den Krieg führte. Weder die russische noch die französische Regierung glaubten ernsthaft daran, daß die deutsche Regierung einen Angriffskrieg plante, aber die militärischen Fähigkeiten Deutschlands und das prahlerische Gerede einiger Chauvinisten schufen den Nährboden für die französische und britische Propaganda, es

[18] Raymond Poincaré (1860–1934), französischer Rechtsanwalt und Politiker mit einer feindlichen Haltung gegenüber Deutschland. Von Januar 1912 bis Januar 1913 war er Premierminister und zugleich Außenminister. In dieser Funktion stärkte er die *Triple Entente* und betrieb eine allgemeine Aufrüstungspolitik. Im Juli 1914 erklärte er anläßlich eines offiziellen Staatsbesuchs in St. Petersburg gegenüber den russischen Gastgebern die feierliche Bestätigung der gegenseitigen Bündnisverpflichtungen. Eine Woche nach Poincarés Abreise verkündete Zar Nikolaus II. die russische Generalmobilmachung. Nach Ausbruch des Ersten Weltkrieges sprach er sich entschieden für eine Fortsetzung des Krieges bis zum Sieg aus und forderte mit der *Union sacrée* eine Art Gegenstück zum deutschen Burgfrieden. Poincaré gilt zudem als die treibende Kraft hinter der französisch-belgischen Besetzung des Ruhrgebietes 1923–1924.

Raymond Poincaré
(siehe Fußnote S. 33)

Paul Vaillant-Couturier
(siehe Fußnote S. 35)

seien die Deutschen gewesen, welche die Welt mit einem brutalen Eroberungsfeldzug in Brand gesteckt hätten.

Die Versöhnung zwischen Deutschen und Franzosen und ihre Abrüstung im Herzen ist die unabdingbare Voraussetzung für physische Abrüstung; ihr gegenseitiger Respekt und guter Wille sind für den künftigen Frieden in Europa und den Frieden in der Welt von zentraler Bedeutung.

Als Paul Vaillant-Couturier[19], Abgeordneter des französischen Parlaments, Poincaré anklagte, gemeinsam mit der russischen Regierung verantwortlich für die Auslösung des Krieges zu sein, tat er dies „bei seiner Ehre als alter französischer Soldat". Dementsprechend lege ich „bei meiner Ehre als langjähriges Mitglied des Senats der Vereinigten Staaten" in diesem Buch die Beweise dafür vor, daß diese Schlußfolgerung vollkommen richtig ist. Ich versichere den Lesern dieser Zeilen, daß all das hier Niedergeschriebene auf sorgfältigen Studien beruht, die völlig frei von bösem Willen oder absichtlicher Voreingenommenheit durchgeführt wurden, selbst gegen diejenigen, von denen hier angenommen wird, sie wären verantwortlich für die Entfesselung des Weltkriegs gewesen; es besteht keine Absicht, sie zu

[19] Paul Vaillant-Couturier (1892–1937), französischer Schriftsteller und kommunistischer Politiker. Von 1914 bis 1918 kämpfte er im Ersten Weltkrieg. Seine Kriegserlebnisse veröffentlichte er in mehreren Büchern, u.a. La Guerre des Soldats (Der Krieg der Soldaten). Im Jahr 1916 trat er der französischen Sektion der Zweiten Sozialistischen Internationale bei und gehörte 1917 zu den Gründungsmitgliedern der Veteranenorganisation Association républicaine des Anciens combattants (Republikanische Vereinigung ehemaliger Frontkämpfer).

stigmatisieren, aber es besteht der Anspruch, die Wahrheit bekannt zu machen, damit die Menschen sich miteinander versöhnen können und sich somit gegenseitig besser verstehen.

Dieses Buch begleitet ein Gebet, das vielleicht von einigem Nutzen sein kann, um Verständnis, Wahrheit und guten Willen zu schaffen.

Die Beweise

Die Amerikaner sind fast ausschließlich Nachkommen von Europäern. Ihre unmittelbaren Vorfahren sind Briten, Deutsche, Skandinavier, Holländer, Russen, Franzosen, Italiener, Griechen, Spanier usw., aber die Amerikaner waren zu sehr mit ihren eigenen Angelegenheiten beschäftigt, um nach der Wahrheit über die Ursachen des letzten Krieges zu suchen. Dazu kam, daß die Wahrheit zunächst tatsächlich verdeckt wurde, zunächst einmal, weil die Archive noch verschlossen waren, dann im weiteren durch bewußte Fälschung und durch die Propagandaflut gegen das deutsche Volk und die deutsche Regierung. Diese Propaganda war für die Entente-Mächte und ihre Alliierten sehr nützlich. Sie versetzte sie in die Lage, sich in den Vereinigten Staaten zehn Milliarden Dollar zu leihen und schließlich die Unterstützung der Land- und Seestreitkräfte der USA zu erlangen, gefolgt von massiver finanzieller und wirtschaftlicher Unterstützung, nachdem das deutsche Oberkommando es als kriegsnotwendig angesehen hatte, mit U-Booten gegen amerikanische Schiffe vorzugehen.

Wilhelm II. *(siehe Fußnote S. 38)*

Zum Glück für die Welt ließ der Sturz der absoluten Monarchie in Rußland sämtliche geheimen russischen Archive in die Hände der Revolutionsregierung fallen; sie sind nun in großem Umfang publiziert worden, und die Welt ist heutzutage in der Lage, sich ein Bild über die gefährlichen Intrigen einiger weniger russischer, französischer, serbischer, britischer und sonstiger Staatsmänner zu machen.

Nach dem Sturz Wilhelms II.[20] wurden die deutschen Archive von den Sozialisten geöffnet, die wohl erwartet hatten, darin Beweise für die Verantwortung und den Kriegswillen des Deutschen Reichs unter Wilhelm II. zu finden. Stattdessen entdecken sie, daß ihre Regierung den Krieg nicht gewollt hatte. Beschlagnahmte belgische Dokumente vermittelten Aufschluß über die belgische Kriegspolitik. Der Sturz der Monarchie in Österreich brachte eine republikanische Regierung hervor, die eine vollständige Veröffentlichung und Freigabe der österreichischen Dokumente anordnete.

Unter dem parlamentarischen System Großbritanniens wurden Teile der Wahrheit auf dem Weg parlamentarischer Anfragen und Untersuchungen bekannt, und die britische Öffentlichkeit wird Einsicht in die Unterlagen des Londoner Außenministeriums erhalten. Die französischen Aufzeichnungen wurden der Öffentlichkeit lediglich in verfälschter Form zugänglich gemacht. Infolge dieser äußerst wichtigen Veröffentlichungen und angesichts der Tatsache, daß manche Staaten ihre Doku-

[20] Wilhelm II. (1859–1941), von 1888 bis 1918 letzter Deutscher Kaiser und König von Preußen.

mente entweder gar nicht oder nur in verfälschter Form freigeben, gibt es nun keinen Grund mehr, warum die Wahrheit nicht bekannt werden sollte. Den Historikern und Gelehrten der Welt ist sie bereits bekannt. Unter den wichtigsten der genannten Geheimaufzeichnungen ist zunächst ein Buch zu nennen, das 858 Geheimdokumente enthält, die aus dem Nachrichtenverkehr zwischen dem russischen Außenministerium und der russischen Botschaft in Paris stammen; es trägt den Titel *Entente Diplomacy and the World* und wurde von Benno von Siebert[21], einem Sekretär an der russischen Botschaft in London, bei Knickerbocker Press, New York, veröffentlicht; die zweitwichtigste Quelle ist *Un Livre Noir,* bestehend aus zwei Bänden und herausgegeben von René Marchand, erschienen bei der „Librairie du Travail", Paris, das die Geheimdokumente enthält, die zwischen dem russischen Außenministerium und Iswolski, dem russischen Botschafter in Paris, ausgetauscht wurden.

Bereits diese zwei Werke reichen aus, um die Wahrheit über den Ausbruch des Weltkriegs offenzulegen und zu

[21] Benno Alexandrowitsch v. Siebert (1876–1926). Von Siebert entstammte dem baltendeutschen Adel und war als russischer Diplomat tätig. Von Mai 1908 bis zum Ausbruch des Ersten Weltkriegs war er in London als zweiter Sekretär des russischen Botschafters Alexander Konstantinowitsch Benckendorff tätig. Zwischen 1909 und 1914 spielte er dem Berliner Auswärtigen Amt regelmäßig Abschriften wichtiger ein- und ausgehender Korrespondenz zu, insgesamt etwa fünf- bis sechstausend streng geheime Dokumente. Bei Kriegsausbruch erklärte Siebert seinen Rücktritt aus dem diplomatischen Dienst. Von 1919 an bis zu seinem Tod betrieb er im Auftrag des Auswärtigen Amtes Forschungen zur Kriegsschuldfrage. Hauptwerk auf deutsch: *Einkreisung? Aus den Akten der russischen Diplomatie.*

Alfred Fabre-Luce
(siehe Fußnote S. 41)

Victor Margueritte
(siehe Fußnote S. 41)

zeigen, wie er inszeniert wurde. Allein diese beiden Bücher enthalten zusammen etwa 1.500 russische Geheimdokumente. Ausführliche Zitate daraus wird man in den Protokollen des amerikanischen Kongresses vom 18. Dezember 1923 finden (S. 355–399). Auf Seite 397 wird man Anhang 20 finden, eine Liste der Literatur, die sich mit diesen Dingen beschäftigt, zusammen mit einer Reihe von Studien französischer und anderer Autoren, welche die in diesem Buch dargelegten Schlußfolgerungen stützen werden.

Unter den angesehensten französischen Forschern, von denen die Verantwortung der französischen sowie der russischen Regierung für den Weltkrieg nachgewiesen wurde, wird man auf Männer wie Alfred Fabre-Luce[22] stoßen, den Autor von *La Victoire*, einen Gelehrten und Autor historischer Werke. Victor Margueritte[23], ein namhafter französischer Autor, zeichnet für die Zusammenstellung der ersten 102 Unterschriften angesehener französischer Gelehrter, Generäle, Autoren und Intellektueller – darunter auch Frauen – verantwortlich, die in einem „Appell an das französische Gewissen" die Änderung des Artikels 231 sowie die Aufhebung der Artikel 227–230

22 Alfred Fabre-Luce (1899–1983), französischer Publizist. Alfred Fabre-Luce entstammte einer wohlhabenden Familie des Großbürgertums. Nach Besuch der Pariser Sorbonne schlug er zunächst kurzzeitig die Diplomatenlaufbahn ein, bevor er sich für eine Tätigkeit als freier Publizist entschied. Von 1934 bis 1936 hatte er die redaktionelle Leitung der Zeitschrift *L'Europe Nouvelle* inne. Weitreichenden publizistischen Erfolg erzielte Fabre-Luce mit seinem *Journal de France* (Französisches Tagebuch), dessen erster Band 1940 kurz nach dem französischen Zusammenbruch erschien.

23 Victor Margueritte (1866–1942), französischer Schriftsteller.

Ernest Renauld
(siehe Fußnote S. 45)

Ernest Judet
(siehe Fußnote S. 45)

Joseph Caillaux
(siehe Fußnote S. 45)

Charles Humbert
(siehe Fußnote S. 45)

des Versailler Vertrags (Sanktionen) fordern, in denen der deutschen Regierung die Alleinschuld am Weltkrieg zur Last gelegt wird.

Unter den französischen Autoren, aus deren Sicht das deutsche Kriegsschuldgeständnis im Artikel 231 wahrheitswidrig erzwungen wurde und für die mit Sicherheit französische und russische Führer für die Anzettelung des Krieges verantwortlich waren, findet man Gcorges Demartial[24], Gustave Dupin[25], Fernand G. de Toury[26], Alfred Pevet, Emile Laloy[27], René Marchand, Colonel Jean-Joseph Converset[28], Alcide Ebray[29], Lou Albert-Lasard[30], Victor Margueritte, Millon, Mathias Morhardt[31], A. Fabre-

24 Georges Demartial (1861–1945), französischer Historiker und Herausgeber des *Gelbbuchs*, in dem die französische und englische Diplomatie im Vorfeld des Kriegsausbruchs von 1914 untersucht wird.

25 Gustave Dupin (1861–1933), französischer Maler und Schriftsteller.

26 Fernand Gouttenoire de Toury (1867–1964), deutschfreundlicher französischer Pazifist und Revisionist.

27 Emile Laloy (1863–1938), Bibliothekar und stellvertretender Kurator in der Abteilung für Drucksachen der französischen Nationalbibliothek.

28 Jean-Joseph Converset (1862–1924), französischer Offizier und Schriftsteller.

29 Alcide Ebray (1862–1940), französischer Generalkonsul und Premierminister. Als Publizist veröffentlichte er in den 1920er Jahren eine Reihe politischer Essays und Broschüren, die sich gegen den Versailler Vertrag und gegen die vorherrschende Denkweise über die deutsche Alleinschuld am Ersten Weltkrieg richteten, u.a. *Der unsaubere Frieden.*

30 Lou Albert-Lasard (1885–1969), französische Malerin und Schriftstellerin.

31 Mathias Morhardt (1863–1939), französischer Journalist, Schriftsteller, Kunstkritiker sowie ab 1888 Redakteur der Zeitung *Le Temps*. Im Jahr 1898 Gründungsmitglied der Liga für Menschenrechte.

Edmund Dene Morel
(siehe Fußnote S. 45)

Goldsworthy Lowes Dickinson
(siehe Fußnote S. 46)

Raymond Charles Beazley
(siehe Fußnote S. 46)

Edith Mary Durham
(siehe Fußnote S. 46)

Luce, Ernest Renauld[32], Ernest Judet[33], Joseph Caillaux[34], Charles Humbert[35] und viele andere.

Unter den britischen Forschern, die sich auf denselben Standpunkt stellen, sind Edmund D. Morel[36], John M. Keynes, Francis Neilson[37], George P. Gooch[38], Goldsworthy

[32] Ernest Renauld (1869–1939), nationalistischer und antiprotestantischer französischer Journalist und Schriftsteller.

[33] Ernest Judet (1851–1943), nationalistischer französischer Journalist. Er wurde während des Ersten Weltkriegs des Hochverrats im Dienste Deutschlands verdächtigt und 1919 deswegen angeklagt.

[34] Joseph Caillaux (1863–1944), französischer Staatsmann der Dritten Republik und von Juni 1911 bis Januar 1912 Premierminister. Im Ersten Weltkrieg trat er für Verhandlungen und einen Friedensschluß mit Deutschland ein. Dafür warf ihm Premierminister Georges Clemenceau 1917 vor, gemeinsame Sache mit Deutschland zu machen. In einem Prozeß 1920 für „Korrespondenz mit dem Feind" zu drei Jahren Haft verurteilt, stellte eine Amnestie 1925 seine politische Reputation wieder her. In den Jahren 1925, 1926 und 1935 diente Caillaux noch dreimal als französischer Finanzminister.

[35] Charles Humbert (1866–1927), Kapitän in der französischen Armee, Senator und Zeitungsinhaber. Vor dem Ersten Weltkrieg schrieb er viel über militärische Themen und hielt Reden, in denen er die Unzulänglichkeit der französischen Armee kritisierte. Als der Krieg 1914 begann, wurde er Direktor von *Le Journal*.

[36] Edmund Dene Morel (1873–1924), britischer Journalist, Autor und Politiker. Als im August 1914 Großbritannien Deutschland den Krieg erklärte, trat Morel aus Protest aus der Liberalen Partei aus und gründete die pazifistisch orientierte *Union of Democratic Control*. Morel mißbilligte die britische Kriegserklärung, da das Vereinigte Königreich nicht angegriffen wurde.

[37] Francis Neilson (1867–1961), in Großbritannien geborener US-amerikanischer Schauspieler, Dramatiker und Regisseur. Autor von mehr als 60 Büchern, Theaterstücken und Opernlibretti.

[38] George Peabody Gooch (1873–1968), britischer Historiker.

Lowes Dickinson[39], Raymond C. Beazley[40], Edith M. Durham[41], Irene Cooper Willis[42] und viele zu erwähnen.

Unter den amerikanischen Anhängern dieser These finden sich Professor Sidney B. Fay[43], Professor Harry E. Barnes[44],

---

[39] Goldsworthy Lowes Dickinson (1862–1932), britischer Historiker, Politikwissenschaftler und Philosoph. Bei Ausbruch des Ersten Weltkrieges schloß er sich der *Union of Democratic Control* an.

[40] Sir Raymond Charles Beazley (1868–1955), englischer Historiker und von 1909 bis 1933 Professor an der Universität Birmingham. Beazley positionierte sich in den Jahren vor Englands Eintritt in den Zweiten Weltkrieg pro-deutsch und veröffentlichte regelmäßig entsprechende Beiträge im *Anglo-German Review*.

[41] Edith Mary Durham (1863–1944), britische Balkanreisende, Illustratorin und Schriftstellerin.

[42] Irene Cooper Willis (1882–1970), britische Schriftstellerin, Anwältin und Friedensaktivistin. Vorstandsmitglied in der 1914 gegründeten Union of Democratic Control (UDC), die Kritik an der Kriegspolitik der Regierung übte. In den Jahren 1919 bis 1921 verfaßte Irene Cooper Willis drei Analysen des Ersten Weltkrieges – wie kam es dazu, wie gingen wir damit um, wie kamen wir davon –, die später in dem Band *England's Holy War* („Englands Heiliger Krieg" – nicht auf deutsch erschienen) zusammengefaßt wurden.

[43] Sidney Bradshaw Fay (1876–1967), US-amerikanischer Historiker. Seine Forschungsschwerpunkte waren die Geschichte Preußens und der Erste Weltkrieg. Sein Buch: *The Origins of the World War* (*Die Wurzeln des Weltkrieges*) verschaffte ihm weite Bekanntheit und Tätigkeiten an den Universitäten Harvard und Yale. Fay lehnte die These von der deutschen Kriegsschuld am Ersten Weltkrieg ab. Aus seiner Sicht waren in erster Linie die Mechanismen der Bündnissysteme für den Kriegsausbruch verantwortlich. Hinsichtlich der beteiligten Staaten hob er die besondere Verantwortung Österreich-Ungarns, Serbiens und Rußlands für den Kriegsausbruch hervor.

[44] Harry Elmer Barnes (1889–1968), Professor an der Clark University und ab 1923 Professor am Smith College. Barnes war ein sehr vielseitiger Historiker, der rund 30 Bücher, über 100 Essays und über 600 Buchkritiken und Zeitschriftenartikel schrieb. Ab 1924 bestritt

Sidney Bradshaw Fay
(siehe Fußnote S. 46)

Harry Elmer Barnes
(siehe Fußnote S. 46)

Charles Callan Tansill
(siehe Fußnote S. 48)

William Leonard Langer
(siehe Fußnote S. 48)

Professor Ferdinand Schevill[45], Charles C. Tansill[46], der historische Fachmann der Kongreßbibliothek, Edward F. Henderson[47], Frederick Bausman[48], William L. Langer[49], James W. Thompson[50] und andere.

Italiens Ex-Regierungschef Francisco Nitti[51] hat sich in einer Reihe von Büchern deutlich in dieser Richtung ausgesprochen. Dieser revisionistische Standpunkt wird von

---

Barnes die deutsche Verantwortung an der Entstehung des Ersten Weltkrieges. Deutschland sei friedliebend gewesen, dagegen hätten Großbritannien und Frankreich mit Rußland eine riskante Politik verfochten, die zum Krieg geführt habe. Seine Thesen veröffentlichte Barnes 1926 in seinem Buch *Genesis of the World War and Introduction to the Problem of War Guilt (Die Entstehung des Weltkrieges — eine Einführung in das Kriegsschuldproblem).*

45 Ferdinand Schevill (1868–1955), amerikanischer Historiker und Professor an der Universität von Chicago.

46 Charles Callan Tansill (1890–1964), US-amerikanischer Historiker und Professor an verschiedenen Universitäten. Vor dem Zweiten Weltkrieg war er ein bekannter Isolationist. Tansill gehört zusammen mit Charles A. Beard zum Begründer des Revisionismus in der Weltkriegsgeschichte. Im Jahr 1938 erschien *America Goes to War* (*Amerika geht in den Krieg*), worin Tansill den Ersten Weltkrieg und die amerikanische Neutralität bis 1917 untersuchte.

47 Edward Firth Henderson (1917–1995), britischer Diplomat.

48 Frederick Bausman (1861–1931), amerikanischer Jurist und Publizist.

49 William Leonard Langer (1896–1977), US-Historiker und Professor an der Harvard University. Er befaßte sich hauptsächlich mit der Diplomatiegeschichte des 19. und 20. Jahrhunderts, speziell dem Bündnissystem von Bismarck und der Wilhelminischen Ära.

50 James Westfall Thompson (1869–1941), US-amerikanischer Historiker.

51 Francesco Nitti (1868–1953), italienischer Politiker und Journalist. 1904 zog er für die Radikale Partei ins Parlament ein. Zwischen 1911 und 1914 war er Minister für Landwirtschaft, Industrie und Handel, von 1917 bis 1919 Finanzminister und von Juni 1919 bis Mai 1920 und erneut von Mai bis Juni 1920 Ministerpräsident.

italienischen Gelehrten wie Corrado Barbagallo[52], Augusto Torre[53] und Alberto Lumbroso[54] geteilt.

In Belgien wird diese neue Sicht auf den Krieg von Gelehrten wie Alcide Ebray[55] und Victor-Camille de Brabandère[56] geteilt, in Schweden von Dr. Herman-Harris Aall[57]; in Dänemark von Dr. Karl Larsen[58]; in Holland von Dr. Nicolas Japiske[59] und in Ungarn von Dr. Eugene Horvath[60], Guillaume de Huszar[61] und Dr. John Lutter[62].

Die überwältigende Mehrheitsmeinung in Rußland ist, daß die zaristische Regierung den Krieg verursacht hat, und die Nachfolgeregierungen haben – wie bereits erwähnt – glücklicherweise die Geheimdokumente veröffentlicht, die dies auch beweisen. Aus Serbien liegt uns das Buch *Die Ursachen des Weltkriegs* von Dr. Milos Boghi-

---

52 Corrado Barbagallo (1877–1952), italienischer Historiker, der sich insbesondere nach dem Ersten Weltkrieg mit den Ursachen des Kriegsausbruchs auseinandersetzte.

53 Augusto Torre (1890–1977), italienischer Autor und Historiker.

54 Alberto Lumbroso (1872–1942), Herausgeber zahlreicher Veröffentlichungen zum Thema Napoleon, Präsident eines im Jahr 1900 einberufenen Kongresses der Napoleon-Forscher.

55 Hier irrt Owen, denn Ebray ist kein Belgier, sondern Franzose.

56 Victor-Camille de Brabandere (*1848), belgischer Autor

57 Dr. Herman-Harris Aall, norwegischer Historiker.

58 Dr. Karl Larsen (1860–1931), dänischer Schriftsteller.

59 Dr. Nicolas Japiske (1872–1944), niederländischer Historiker.

60 Dr. Eugene Horvath, ungarischer Historiker.

61 Guillaume de Huszar (ungarisch Vilmos Huszar), Chefredakteur des *Ungarischen Magazins* bzw. *La Revue de Hongrie*, Professor an einer Technischen Hochschule in Budapest.

62 Dr. John Lutter, ungarischer Historiker und Autor.

tschewitsch[63] vor, der vor dem Krieg serbischer Botschaft in Berlin und Paris war und die russische Verschwörung in vollem Umfang bestätigt.

In Kanada ist John S. Ewart[64], King's Counsel, zu erwähnen, der nach fünf Jahren gründlichen Studiums das Werk *The Roots and Causes of the Wars 1914–18* veröffentlicht hat und darin detaillierte Beweise für die Verantwortung Rußlands und der Entente vorlegt.

Diese Historiker aus alliierten Ländern zählen zu den Tausenden von Intellektuellen rund um die Welt, die diese Geschichte nun kennen. Man muß sich vergegenwärtigen, daß Marchands *Un Livre Noir* niemals auf englisch erschienen ist, sondern im Jahr 1923 lediglich auf französisch publiziert wurde; dabei enthält dieses Buch die offiziellen Aufzeichnungen geheimer Telegramme, die vollkommen klar den russischen Kriegswillen zeigen und den Nachweis erbringen, daß die zaristische Regierung während eines Zeitraums von zweiundzwanzig Jahren – 1892–1914 – zielstrebig auf den Kriegsausbruch hingearbeitet hat.

Eine Resolution des Senats der Vereinigten Staaten hat 1925 dazu aufgerufen, Beweismaterial über den Kriegsausbruch zu sammeln. Der Fachhistoriker Charles E. Tansill hat diesen Auftrag ausgeführt und ist nun von

---

[63] Dr. Milos Boghitschewitsch (1876–1937), ab 1904 serbischer Gesandter in Paris und Berlin. Im Juli 1915 schied er aus dem Dienst aus und begab sich in die Schweiz, in der Absicht, zwischen Frankreich und Deutschland einen Friedensschluß zu vermitteln.

[64] John Skirving Ewart (1849–1933), kanadischer Jurist, der sich für die Unabhängigkeit Kanadas einsetzte. Als Autor veröffentlichte er zahlreiche Artikel und Bücher, u.a. *The Roots and Causes of the Wars 1914–1918* (*Die Wurzeln und Ursachen des Krieges 1914–1918*).

der russischen und französischen Verantwortung überzeugt. Sein diesbezügliches Buch wurde von der Regierung aus diplomatischen Gründen nicht publiziert.

Warum die Wahrheit niemand kennt

An dieser Stelle stellt sich eine logische Frage: Wie kann es sein, daß eine Wahrheit mit derart gigantischen Folgen nicht der ganzen Welt bekannt gemacht und allgemein anerkannt wurde?

Die Antwort ist einfach: Die geheimsten Archive waren noch nicht geöffnet und ihr Inhalt in den Jahren nach dem Krieg unbekannt, und als sie dann der Forschung zugänglich gemacht wurden, waren natürlich diejenigen, die mit ihrer Vorkriegs- und Kriegspropaganda nicht nur die deutsche Regierung, sondern das ganze deutsche Volk in schärfster Form als Feind der Menschheit angeprangert hatten, nicht zu dem Eingeständnis bereit, Teil einer würdelosen Propagandamaschinerie gegen Deutschland gewesen zu sein. Die internationale Presse außerhalb Deutschlands hatte die Deutschen des Verbrechens beschuldigt, den Krieg begonnen zu haben, und hatte dann die deutschen Soldaten aller erdenklichen Untaten angeklagt – sie hatten angeblich Babys die Hände abgehackt, Massaker an Zivilisten verübt, ihre eigenen Toten zur Fettgewinnung gekocht, und so weiter und so fort. Es wurde jeder Trick eingesetzt, um weltweit Haß auf die Deutschen zu erzeugen.

An diese ganzen Schauergeschichten aus dem Krieg glaubt kein informierter Mensch mehr. In allen Armeen gibt es Individuen, die während der schrecklichen Wirren des Krieges auch Verbrechen begehen. Die Geschichte von den abgehackten Händen wurde genau untersucht und für unwahr befunden. Die Mär von den zur Fettgewinnung gekochten Leichen wurde eingehend geprüft und erwies sich als Erfindung eines britischen Offiziers. Die Weltpresse, die es zu peinlich fand, etwas zu korrigieren, woran sie selbst geglaubt und worüber sie die Welt in die Irre geführt hatte, scheint sich auf den Standpunkt zu stellen, die Kriegsschuldfrage sei durch den Versailler Vertrag endgültig geklärt worden und brauche nicht neu aufgeworfen zu werden. Sie hat daher insgesamt bei ihrer Aufgabe versagt, die Öffentlichkeit mit den neu entdeckten Fakten bekannt zu machen oder sich gar an die Arbeit zu machen und die Fakten selbst aufzudecken. Daher haben die Menschen auf der Welt keinen Zugriff auf die Wahrheit, außer in Büchern, wie den bereits erwähnten, deren Verbreitung gering ist.

Die amerikanische Presse ist ein Gigant und trägt damit die Verantwortung eines Giganten. Schließlich wird sie, wenn sie die Wahrheit kennt, ihre Pflicht erfüllen.

Ein anderes Hindernis bei der Öffentlichmachung der Beweise stellt die offizielle Haltung der Entente dar. Der Versailler Vertrag (Artikel 231) hat die deutsche Führung gezwungen, für den Krieg die alleinige Verantwortung zu übernehmen. Der Vertrag wurde von den Siegern diktiert, und die besiegten Deutschen wurden – unter ihrem vehementen Protest – gezwungen, das Schuldgeständnis zu unterschreiben, unter der Drohung – aufgrund ihrer Entwaffnung wehrlos –, von alliierten Armeen besetzt und vernichtet zu werden. Deutsche Frauen und Kinder waren vom Hungertod bedroht, wegen eines alliierten Embargos, das bis zur Einwilligung in den Vertrag aufrechterhalten wurde. Die Deutschen beteuern immer noch leidenschaftlich, sie hätten den Krieg nicht gewollt. Der Vertrag von Versailles verletzte auch viele der 14 Punkte, in denen Präsident Woodrow Wilson und die Entente-Verbündeten Verpflichtungen eingegangen waren, um Deutschland zum Abschluß des Waffenstillstands zu bewegen. Aus all diesen Gründen sind die Regierungen Europas außerhalb Deutschlands unwillig, jener Wahrhcit zum Durchbruch zu verhelfen, daß es einige wenige russische und französische Führer waren, die diesen Krieg gewollt und der deutschen Regierung, Europa und der Welt aufgezwungen haben. Daher wurden die Beweise von den Regierungen der Entente-Nationen weitgehend unterdrückt.

Aber die Wahrheit, die aus den Dokumenten hervorgeht, kann nicht ewig verborgen werden, und die Forscher der ganzen Welt sind nun mit den Beweisen vertraut.

Die Fakten, wie sie in diesem Buch vorgetragen werden, beruhen auf den offiziellen Aufzeichnungen der kriegsführenden Mächte, und die in Anhang A[65] enthaltenen besonderen Verweise auf einzelne Aufzeichnungen rechtfertigen jede wichtige in dieser Veröffentlichung enthaltene Aussage voll und ganz.

Es gibt Leute, die auch in Kenntnis der neuen Fakten die Hauptverantwortung auf die deutsche Führung abwälzen, mit der Begründung, daß die Deutschen kein Recht gehabt hätten, Rußland das Recht zur Mobilisierung seiner Truppen innerhalb seiner eigenen Grenzen abzusprechen; Rußland habe demnach das Recht gehabt, im eigenen Land eine Mobilmachung anzuordnen, und die Deutschen hätten

[65] Der Anhang A wurde nicht in dieses Buch aufgenommen.

bis zur Überschreitung ihrer eigenen Grenzen kein Recht gehabt, den Krieg zu erklären. Diese Apologeten Rußlands werden jedoch einsehen müssen, daß die militärische Bedrohung, welche die russische Mobilmachung für Deutschland bedeutete, unter den Bedingungen eines Geheimvertrags erfolgte, um Deutschland an einer unverteidigten Grenze anzugreifen, und ohne natürliche Hindernisse und adäquate Truppenstärke hätte die deutsche Militärführung mit der völligen Vernichtung ihrer Verbände rechnen müssen, hätte sie nicht ihrerseits gegen diese Mobilmachung mobilisiert und sie als das erkannt, was sie war – Krieg.

Die Beweise zeigen, daß die Generalmobilmachung in Rußland im Licht der von der russischen Führung erteilten Anordnungen und gemäß ihrem eigenen Verständnis an sich schon eine Kriegserklärung darstellte. Ungleich wichtiger ist jedoch folgendes: Das neu entdeckte Beweismaterial enthüllt, daß es einen Geheimvertrag aus dem Jahre 1892 gab, in dem die russische und die französische Führung beim ersten Anzeichen einer Mobilmachung seitens einer der Mächte des Dreibunds einen gleichzeitigen Angriff auf Deutschland vereinbart hatten, und daß auf der Grundlage dieses geheimen Abkommens jährlich Besprechungen zwischen hohen russischen und französischen Offizieren stattfanden.

Im Jahr 1892 tat General Raoul de Boisdeffre[66] gegenüber dem Zaren während der Verhandlungen über den

[66] Raoul François Charles Le Mouton de Boisdeffre (1839–1919), französischer Generalmajor und während der Dreyfus-Affäre Chef des französischen Generalstabs. Als französischer Militärattaché in Rußland war er 1892 entscheidend am Abschluß eines geheimen Bündnisvertrages zwischen der Dritten Französischen Republik und dem zaristischen Rußland beteiligt.

Geheimvertrag, der Rußland und Frankreich verpflichtete, Deutschland anzugreifen, falls eine der Mächte des Dreibunds mobilisieren sollte, im Namen Frankreichs folgenden Ausspruch: *„Mobilisierung ist Krieg."* Alexander III. erwiderte: *„So verstehe ich das auch."*

Die Beweise zeigen, daß Deutschland enorme Anstrengungen unternahm, um zu verhindern, daß der lokale Konflikt zwischen Österreich und Serbien sich zu einem allgemeinen europäischen Krieg auswuchs; sie zeigen auch, daß die deutsche Führung bei diesem Versuch weder in St. Petersburg noch in Paris Unterstützung fand, sondern daß die örtliche Begrenzung des Konflikts durch die russische Führung verhindert und er zu einer Frage aller Mächte gemacht wurde. Österreich wollte einen lokalen Krieg und war gegen einen allgemeinen Krieg.

Der Krieg gegen Serbien, in den Österreich durch die verhängnisvollen Intrigen, die Serbien auf Initiative Rußlands anzettelte, bewußt gelockt wurde, war eine Falle, in die Österreich tappte, ohne zu wissen, daß sie von Rußland gestellt worden war, um einen Vorwand für die Generalmobilmachung zu schaffen und Österreich ebenso wie Deutschland als Schuldige am Ausbruch eines Weltenbrands dastehen zu lassen.

Aber die russischen Imperialisten werden entlarvt durch Geheimverträge, Militärabkommen, Telegramme, Dokumente und durch Zeugnisse aus eigenem Mund; hierzu einige Beispiele:

- Sasonow, 24. Juli 1914: *„Das ist der europäische Krieg."*
- Suchomlinow, 25. Juli 1914: *„Diesmal werden wir marschieren."*

Anastasia v. Montenegro
(siehe Fußnote S. 57)

Maurice Georges Paléologue
(siehe Fußnote S. 57)

Nikola Paschitsch
(siehe Fußnote S. 57)

Edward Mandell House
(siehe Fußnote S. 58)

- Iswolski, 1. August 1914: *„Das ist mein Krieg."*
- Die Frau des Großherzogs Nikolaus, Anastasia[67], zitiert eine verschlüsselte Nachricht, die sie am 22. Juli 1914 von ihrem Vater, dem König von Montenegro, erhalten hatte: *„Wir werden Krieg haben, bevor der Monat vorbei ist."*
- Großherzog Peters Frau Militza[68] (Anastasias Schwester), am 22. Juli zum französischen Botschafter in Moskau, Maurice Paléologue[69]: *„Ihr werdet Elsaß-Lothringen zurückbekommen – unsere Armeen werden sich in Berlin treffen – Deutschland wird vernichtet."*
- General Sergei Dobrowolski[70] gibt an, der Krieg sei am 25. Juli beschlossen worden. Nikola Paschitsch[71], der

---

67 Anastasia v. Montenegro (1867–1935), Tochter von König Nikola I. von Montenegro und Ehefrau von Großfürst Nikolai Nikolajewitsch Romanow, dem Oberbefehlshaber der russischen Armee im Ersten Weltkrieg.

68 Militza v. Montenegro (1866–1951), Tochter von König Nikola I. von Montenegro und Ehefrau von Großfürst Peter Nikolajewitsch Romanow.

69 Maurice Georges Paléologue (1859–1944), französischer Schriftsteller und Diplomat. In Gegnerschaft zu Deutschland förderte er besonders die Entwicklung der Triple Entente und vor allem die Französisch-Russische Allianz. Im Januar 1914 wurde Paléologue französischer Botschafter in St. Petersburg. Während der Julikrise bestärkte er das russische Zarenreich in seiner feindlichen Haltung gegenüber den Mittelmächten. Paléologue blieb bis zur Oktoberrevolution Botschafter in Rußland.

70 Sergei Konstantinowitsch Dobrowolski (1867–1930), russischer General. Zuständig für die russische Mobilmachung 1914.

71 Nikola Paschitsch (1845–1926), fünffacher Ministerpräsident Serbiens und dreifacher Ministerpräsident des Königreiches der Serben, Kroaten und Slowenen. Er war der Gründer der Radikalen Volkspartei und führte Serbien während zwei Balkankriegen und durch den Ersten Weltkrieg. Laut dem australischen Historiker Christopher Clark gibt es Hinweise, daß Paschitsch und der damalige serbische Innenminister im Vorfeld über die Anschläge auf den österreichischen Thronfolger Franz-Ferdinand in Sarajevo informiert waren.

serbische Premier, sagte am 31. Juli, daß die russischen Friedensbemühungen nur die russischen Kriegsabsichten verdecken sollten. Der russische General Fyodor Palizyn[72] bestätigt dies.

- Im Jahr 1916 gestand Sasonow, der Weltkrieg sei 1914 durch die Entscheidung Frankreichs und Rußlands entstanden, Deutschland zu demütigen.
- Oberst Edward M. House[73] schrieb am 29. Mai 1914 aus Europa an den Präsidenten der Vereinigten Staaten: *„Wann immer England zustimmt, werden Frankreich und Rußland gegen Deutschland vorgehen."*

---

[72] Fyodor Fyodorovich Palizyn (1851–1923), russischer General, zeitweise russischer Generalstabschef und Mitglied des Militärrats.

[73] Edward Mandell House (1858–1938), US-amerikanischer Diplomat, Politiker und wichtigster außenpolitischer Berater von Präsident Woodrow Wilson. Den militärischen Rang eines Obersten hatte er nur ehrenhalber inne. House spielte als Wilsons Vertreter bei der Entente eine wichtige Rolle in der Diplomatie des Ersten Weltkrieges. Im *House-Grey Memorandum* verpflichteten sich die USA, *wahrscheinlich* auf alliierter Seite in den Krieg einzutreten, falls Deutschland eine Friedenskonferenz, die Evakuierung der besetzten Gebiete und den Tausch Elsaß-Lothringens gegen koloniale Entschädigungen ablehnen würde. Später war er beim Entwurf von Wilsons 14-Punkte-Programm vom Januar 1918 federführend. Bei den Verhandlungen zum Versailler Vertrag war House der Verhandlungsführer der US-Delegation.

Vorkriegsspannungen in Europa

Rußland

Wer versucht, sich ein korrektes Bild von den Faktoren zu machen, die schließlich den Weltkrieg möglich werden ließen, muß sich einen Eindruck von der Psychologie der Regierungsmitglieder der europäischen Nationen verschaffen.

Die russische Regierung hatte unter der Familie Romanow Schritt für Schritt die absolute Herrschaft über ein Gebiet errungen, das etwa ein Sechstel der gesamten Erdoberfläche umfaßte und die autokratische Herrschaft über etwa 170 Millionen Menschen bedeutete, die sich in vielen Sprachen und Mundarten verständigten. Die Politik der russischen Regierung zielte darauf ab, diese Macht noch zu vergrößern, wo immer und wann immer dies möglich war. Es war diese Politik, die zum Krieg mit Japan führte. Es war diese Politik, die es der russischen

Regierung wünschenswert erscheinen ließ, eine Hegemonie auf dem Balkan zu errichten, und die daher den Anstoß zu Geheimverträgen mit Serbien und Bulgarien gab, welche den Zaren zum Schiedsrichter in balkanischen Angelegenheiten machten und ihn als Beschützer aller Slawen posieren ließen. Die russische Regierung brannte darauf, die Kontrolle über Konstantinopel und die Dardanellen zu gewinnen, damit ihre Schlachtschiffe im Kriegsfall ungehinderte Einfahrt ins Mittelmeer hatten. Rußland wünschte nicht nur, eine Hegemonie über den Balkan zu errichten, sondern lenkte und förderte die panslawistische Bewegung, die sich die Aufteilung Österreich-Ungarns zum Ziel gesetzt hatte und nach dem Erwerb von österreichischem Gebiet strebte. Als Hebel benutzte Rußland insbesondere Serbien, wobei die serbische Presse ebenso wie serbische Beamte und Offiziere gekauft wurden.

Die russischen Imperialisten waren eifersüchtig auf das Deutsche Reich; sie begehrten deutsches und österreichisches Gebiet und handelten mit Frankreich einen Vertrag aus, der dies ermöglichen sollte. Um diese Ziele zu erreichen, stellte Rußland die größte Armee Europas auf, von der die russische Presse im Jahr 1914 sagte, sie habe zwei Millionen für sofortige Aktionen bereitstehen, und die laut dem für die Mobilmachung verantwortlichen General Dobrowolski insgesamt vierzehn Millionen Mann aller Waffengattungen umfaßte.

Um diese Ambitionen der absoluten russischen Monarchie zu befriedigen, wurden nicht nur Geheimverträge mit Rumänien, Bulgarien und Serbien abgeschlossen, sondern, weit wichtiger, in einem Geheimabkommen mit dem Präsidenten der Französischen Republik im Jahr 1892 ein gleichzeitiger Angriff auf Deutschland vereinbart. Um diesen erfolgreich führen zu können, war es nicht nur notwendig, die Land- und Seestreitkräfte Frankreichs und Rußlands maximal aufzurüsten, sondern es war darüber hinaus erforderlich, die französische und die russische Presse zu kaufen, damit die öffentliche Meinung von der Ehrlichkeit, dem Patriotismus und der Weisheit der russischen Regierung bei der Verfolgung ihrer Ziele überzeugt war, während deren wirkliche Politik niemals zur Sprache kam.

Die schreckliche Grausamkeit und Korruption der russischen Militärautokratie ließ in Rußland eine weitverbreitete und tiefverwurzelte Revolutionsstimmung entstehen. Die gewalttätige Fraktion der Revolutionäre wurde dann im organisierten Nihilismus aktiv. Viele Regierungsoffizielle in Rußland glaubten, daß ein allgemeiner Krieg gegen einen äußeren Feind den Patriotismus der Russen steigern und sie sich dann hinter ihre Regierung stellen würden. Doch führte die revolutionäre Stimmung nach den Niederlagen Rußlands auf dem Schlachtfeld dann dazu, daß weite Teile des Volkes der Romanow-Dynastie mit größerem Haß begegneten als dem äußeren Feind. Die Revolutionäre wandten sich mit zerstörerischer Kraft gegen die Imperialisten und fegten die alte Regierung ebenso weg wie die frühere Staatsreligion. Es folgte das bolschewistische Regime Lenins.

Im Frühjahr 1914 erreichte Rußland durch die Vermittlung Frankreichs auch noch ein „Gentlemen's Agreement" mit der britischen Regierung in Gestalt des Außen-

Edward Grey *(siehe Fußnote S. 63)*

ministers Sir Edward Grey[74]. Ein solches Abkommen hatte Rußland auch mit Italien abgeschlossen. Seine Kriegsvorbereitungen waren 1914 so weit gediehen, daß es bereit war für das große Abenteuer.

Balkan-Staaten

In den Jahren, die dem Weltkrieg vorausgingen, waren die Balkanstaaten Rumänien, Bulgarien und Serbien, sowie die Türkei und Griechenland, in drei verschiedene Kriege verwickelt; all diese Staaten betrieben eine von Militarismus und Imperialismus geprägte Politik und suchten wirtschaftliche und politische Vorteile auf Kosten ihrer Nachbarn; alle rüsteten bis an die Grenzen ihrer finanziellen Möglichkeiten auf. Die serbischen Führer orientierten sich politisch am Panslawismus und planten ein „Groß-Serbien" auf Kosten der Habsburger Monarchie. Die serbische Presse schoß scharf gegen Wien. Auf Rußlands Initiative suchte Serbien den Krieg gegen Österreich, um die-

[74] Sir Edward Grey (1862–1933), britischer Außenminister in den Jahren vor dem Ersten Weltkrieg und während der ersten Hälfte des Ersten Weltkriegs (1905–1916). Er war Verfechter einer Abkehr Großbritanniens von der traditionellen britischen Außenpolitik der Aufrechterhaltung des europäischen Mächtegleichgewichts. Die *Entente cordiale* mit Frankreich baute er im Vertrag von Sankt Petersburg von 1907 zur britisch-französisch-russischen *Triple Entente* aus. In seiner Amtszeit wurde das Außenministerium von einer ausgesprochen antideutschen Fraktion beherrscht. Im Ersten Weltkrieg war Greys Politik vor allem auf die Gewinnung von neutralen Staaten für die Sache der Entente ausgerichtet. Grey war ebenfalls maßgeblich beim Zustandekommen des Londoner Vertrags vom April 1915, der Italien für einen Kriegseintritt große Gebietsgewinne zubilligte.

ses in seine ethnischen Bestandteile aufzulösen, und einige seiner Offiziere nahmen aktiv an den Planungen zur Ermordung des österreichischen Erzherzogs teil.

Die aus diesen Kriegen entstandene Balkan-Allianz wurde unter russischer Schirmherrschaft errichtet.

Italien

Italien, dessen Regierung mit Österreich und Deutschland ein Verteidigungsabkommen unterzeichnet hatte, entwickelte Ambitionen, seinen Machtbereich auszudehnen, und zwar mittels Kolonialpolitik in Nordafrika. Nur im Fall eines Angriffskrieges gegen Österreich oder Deutschland war Italien zum Beistand verpflichtet, nicht aber, wenn Deutschland oder Italien als Aggressor auftraten. Noch bevor der Weltkrieg begann, wurden Italiens afrikanische Interessen von Frankreich, Großbritannien und Rußland ausgenutzt, um das Bündnis zwischen Italien, Deutschland und Österreich zu schwächen. Auf Italiens Unterstützung konnten die Mittelmächte nun nicht mehr zählen. Nach Kriegsausbruch erhielt Italien weitere Versprechungen von den Entente-Mächten und trat schließlich an deren Seite in den Krieg gegen Österreich und Deutschland ein.

Als der Weltkrieg in Sicht war, war es ein zentraler Bestandteil der russischen und französischen Strategie, Deutschland und Österreich als Aggressoren dastehen zu lassen, damit Italien einen Vorwand hatte, diesen beiden Staaten nicht beistehen zu müssen. Dank der Aktivitäten der panslawistischen Bewegung, dem Mord am Erzherzog von Österreich sowie der intensiven Propaganda in

Serbien war diesem Plan Erfolg beschieden; die Intrige erreichte ihr Ziel, und angesichts des Kummers der kaiserlichen Familie und des Zorns des Kaiserhofs war Österreich der Überzeugung, das Recht auf scharfe Maßnahmen gegen Serbien zu haben, um von diesem die nötigen Garantien zu erhalten. Es folgten das österreichische Ultimatum an Serbien sowie die Mobilmachung des österreichischen Heeres.

Das österreichische Ultimatum, die unmittelbar folgenden militärischen Maßnahmen Serbiens, Rußlands, Frankreichs und Belgiens und der hierdurch heraufbeschworene Krieg, der offiziell am 1. August 1914 mit der deutschen Kriegserklärung an Rußland begann, ermöglichten es der italienischen Regierung, Österreich und Deutschland die Unterstützung zu versagen, da diese ja die Aggressoren seien – schließlich hatten sie zuerst den Krieg erklärt.

Ein berühmter Franzose, Charles-Louis de Montesquieu[75], hat einst folgenden Ausspruch getan:

> *„Den Krieg beginnt in Wahrheit nicht der, der ihn erklärt, sondern der, der ihn notwendig macht."*

Die europäischen Diplomaten verstanden dies sehr gut, aber die Mehrheit der Menschheit verstand es nicht oder jedenfalls nicht in vollem Ausmaß, als der Weltkrieg wegen der russischen Mobilmachung und des russischen Ränkespiels ausbrach.

---

[75] Charles-Louis de Secondat de Montesquieu (1689–1775), französischer Schriftsteller, Philosoph und Staatstheoretiker der Aufklärung.

Frankreich

Die Franzosen sind hauptsächlich lateinischer Herkunft, natürlich gemischt mit nordischem Blut. Sie sind ein stolzes und leicht erregbares Volk, intelligent, künstlerisch, von großer Eleganz und mit einer Sprache von höchster intellektueller Perfektion. Es gibt keine Gesellschaft in der Welt, die anmutiger wäre als die besten Kreise Frankreichs. Ihre Architektur, ihre Gemälde und Literatur sind für die Welt Gegenstand von Bewunderung und Vorbilder an Schönheit. Sie haben eine sehr kriegerische Geschichte. Sie scheinen den „Ruhm" zu suchen. Ihre Führer sind dem Militarismus verpflichtet, obwohl sie es abstreiten. Als Napoleon[76] auf die Französische Revolution folgte, eroberte er fast ganz Kontinentaleuropa und wurde dafür in Frankreich bewundert, wo man ihn noch heute als größten aller Franzosen in Erinnerung hat. Sein Grabmal ist ein Wallfahrtsort. Im Jahr 1870 erklärte der französische Kaiser Napoleon III.[77] Deutschland den Krieg, und wenige Monate später diktierten die Deutschen den Franzosen in Versailles einen demütigenden Frieden, legten Frankreich eine Strafzahlung von einer Milliarde Dollar auf und nahmen ihm Elsaß-Lothringen ab, das zu einer *Terra irredenta* wurde und zu einem vergifteten Dorn in der Flanke des in seinem Stolz zutiefst

[76] Napoleon Bonaparte (1769–1821), französischer General, Diktator und als Napoleon I. Kaiser der Franzosen.

[77] Louis-Napoléon Bonaparte (1808–1873), von 1852 bis 1870 als Napoleon III. Kaiser der Franzosen.

getroffenen Frankreichs. Dies war die Geburtsstunde der „Revanche"- oder Rache-Doktrin, die schließlich schlimme Früchte trug.

Raymond Poincaré wurde in Lothringen geboren, und lange bevor er französischer Präsident wurde (1912) und hierdurch die Macht bekam, Entscheidungen zu fällen, machte er die Rückkehr dieser Provinzen nach Frankreich zu seinem Herzensanliegen. In einer Rede an der Universität von Paris im Oktober 1920 tat Poincaré folgenden drastischen Ausspruch:

> *„Für meine Generation habe ich keinen anderen Grund zum Leben gesehen als die Hoffnung auf Rückkehr unserer verlorenen Provinzen."*

Es war diese Einstellung, die es 1892 den russischen Führern im Rahmen ihrer eigenen Machtpolitik ermöglichte, einen Geheimvertrag mit Frankreich abzuschließen, in dem vereinbart wurde, daß Rußland und Frankreich gleichzeitig Deutschland angreifen sollten, wenn eine bestimmte Bedingung erfüllt war, von der die Russen überzeugt waren, sie herbeiführen zu können: Die Mobilmachung Österreichs. Man formulierte dies wie folgt:

> *„Im Fall, daß die Streitkräfte des Dreibunds oder die einer Macht, die Teil des Bundes ist (z.B. Österreich), mobilisiert werden sollten, werden Frankreich und Rußland beim ersten Anzeichen einer solchen Entwicklung und ohne daß eine weitere Abstimmung erforderlich ist, ihre gesamten Streitkräfte sofort und gleichzeitig mobilmachen und sie so nahe wie mög-*

> *lich an die Grenzen heranführen. … Diese Streitkräfte werden sogleich umfassende Aktionen einleiten, so daß Deutschland gleichzeitig im Osten und im Westen kämpfen muß."*

Nachdem dieser Vertrag vom französischen Präsidenten mit der russischen Führung abgeschlossen worden war, liehen sich die Russen vom französischen Volk sieben Milliarden Dollar, indem sie ihm russische Anleihen verkauften, und benutzten einen Teil davon dann, um die französische Presse zu kaufen, damit diese den Wert der russischen Investitionen preisen und eine entschlossene französisch-russische Politik auf dem Balkan befürworten würde. Die französische Regierung verlangte allerdings, den Großteil des Geldes in den Aufbau einer großen russischen Armee, die Herstellung von leichter und schwerer Artillerie, den Bau strategischer Eisenbahnen in Richtung deutsche Grenze usw. zu investieren und hiermit in die Vorbereitung des Krieges, der im eben geschlossenen Vertrag vorgesehen war.

In den Jahren seit 1870 hatten die Franzosen riesige Gebiete in Afrika unter ihre Herrschaft gebracht, wo sie zwischen fünfzig und sechzig Millionen Afrikaner regierten, afrikanische Soldaten rekrutierten und für den modernen Krieg ausbildeten. Dies ermöglichte es ihnen, im Kriegsfall auf eine Bevölkerung zurückzugreifen, die größer als diejenige Deutschlands war.

Der Aufbau der großen russischen Armee bewog Deutschland dazu, seinerseits seine militärische Aufrüstung zu intensivieren, und als Poincaré Präsident wurde, erhöhten die Franzosen im Gegenzug die Dienstzeit für junge Männer von zwei auf drei Jahre und verstärkten ihre Streitkräfte damit um fünfzig Prozent. In der Zwischenzeit veranstalteten der russische und der französische Generalstab jährliche Treffen, um über Mittel und Wege für einen Offensivkrieg gegen Deutschland nachzudenken.

Mit Italien erreichte Frankreich im Jahr 1902 eine Verständigung, und sowohl Frankreich als auch Rußland begannen zwischen 1904 und 1907 ihre Differenzen mit Großbritannien beizulegen.

Über seinen Botschafter in London handelte Frankreich im Jahr 1912 ein Geheimabkommen aus, das weniger ein formeller Vertrag als ein Austausch von Briefen war, in denen ausgeführt wurde, daß im Fall eines bewaffneten Konflikts, in dem die Zusammenarbeit der französischen und der britischen Regierung wünschenswert erscheinen würde, sofort über gemeinsame Aktionen gesprochen werden solle; und *„falls bei solchen Aktionen die Planungen der Generalstäbe berücksichtigt werden sollten, müßten die Regierungen noch einmal darüber beraten, in welchem Umfang dies geschehen solle"*.

Diese hypothetische Allianz wurde zusehends gestärkt. Es wurden von britischen und französischen Offizieren Land- und Seestrategien ausgearbeitet. Man kam überein, daß Frankreich seine gesamte Flotte von der Westküste ins Mittelmeer verlegen würde, während die britische Flotte dann die französische Nord- und Westküste schützen und 160.000 britische Soldaten den linken Flügel der französischen Armee unterstützen würden; all das wurde getreulich ausgeführt, als der Krieg am 1. August 1914 begann.

Als Raymond Poincaré Präsident wurde und damit die Macht hatte, Verträge abzuschließen, versicherte er den russischen Staatsmännern sofort und später erneut, sie könnten sich vollkommen darauf verlassen, daß Frankreich die russische Politik auf dem Balkan unterstützen und seine Unterstützung auch in dem Fall fortsetzen werde, so daß es darüber zu einem allgemeinen Krieg kommen sollte. In der Woche vor der russischen Mobilmachung war Poincaré in St. Petersburg, um den russischen Kriegswillen zu stärken.[78] Als sich die Gefahr eines großen Krieges immer stärker abzeichnete, wies er jeden Versuch zurück, auf Rußland einen mäßigenden Einfluß auszuüben. Er hätte allein den Krieg verhindern können. Er tat dies nicht, denn er wollte den Krieg.

Großbritannien

Britanniens Interessenlage war kompliziert. Die kolossalen Fortschritte, die von den Deutschen in der Industrieproduktion, im Schiffbau und im Handel erzielt wurden, sowie das ehrgeizige Streben des Kaisers nach einer großen Kriegsflotte waren vielen britischen Politikern ein Dorn im Auge. Sie begannen, in Deutschland einen gefährlichen Rivalen zu sehen und blickten mit wachsender Feindschaft auf die deutsche Expansion zur See. Die intensive militärische Ausbildung der deutschen Jugend, das preußische Militärsystem, wahrscheinlich das beste der Welt, und die Hohenzollern-Monarchie wurden mit Widerwillen und wachsender Ablehnung betrachtet. In Großbritannien herrschte die Ansicht vor, die preußische Mi-

[78] Vgl. Paléologue, *Am Zarenhof*. – Ewart, *Roots*. – Barnes, *Genesis*. – Morhardt, *Preuves*.

litärmaschinerie würde nach einem Sieg über Frankreich ganz Europa beherrschen, und diese Überlegung ließ in den Augen Edward Greys zusammen mit anderen Faktoren das Abkommen mit Pierre Paul Cambon[79], dem französischen Botschafter in London, gerechtfertigt erscheinen.

Als der Zar, von Poincaré hierzu ermutigt, mobilisieren ließ und zwischen Frankreich und Deutschland deshalb der Krieg ausbrach, taten die britischen Staatsmänner, was sie als das Beste für die Interessen ihres Landes erachteten. Die Invasion Belgiens war ein Vorwand und nicht der Grund für die Kriegserklärung Großbritanniens. Die inzwischen publizierten englischen Dokumente stützen diese Einschätzung.

Deutschland

Deutschland hatte im Jahr 1914 keinen Grund für einen Krieg, es gab keine verlorengegangenen Gebiete, es gab keinen Anlaß zur Rache, und es wußte außerdem, daß ein allgemeiner europäischer Krieg seine Handelsflotte und seinen rasch wachsenden Außenhandel nur allzu leicht zerstören konnte, was den Verlust seiner Kolonien nach sich gezogen hätte.

Zwischen 1870 und 1914 stieg die Produktivität der deutschen Bevölkerung unter der kaiserlichen Regierung

[79] Pierre Paul Cambon (1843–1924), französischer Diplomat. In den Jahren 1898 bis 1920 französischer Botschafter in Großbritannien. Cambon war maßgeblich an der französischen Annäherung an Großbritannien beteiligt, die am 8. April 1904 im Abschluß der sogenannten *Entente cordiale*, und ihrer späteren Ausweitung zur Triple Entente gipfelte.

Pierre Paul Cambon
(siehe Fußnote S. 71)

Friedrich v. Bernhardi
(siehe Fußnote S. 73)

enorm an. Entscheidend gefördert wurde diese Entwicklung durch die sorgfältige und systematische Erziehung der deutschen Jugend in allen Handwerken, Künsten und Wissenschaften. Die deutschen Schulen und Universitäten hatten den Ruf, die besten der Welt zu sein. In Düsseldorf richtete die deutsche Regierung ein Produktionszentrum ein, in dem alle Wirtschaftssparten vertreten waren, so daß Interessenten aus allen Teilen Deutschlands Düsseldorf besuchen und anhand der dort gezeigten Erzeugnisse entscheiden konnten, in welchem Wirtschaftszweig und in welchem Beruf sie die produktive Zeit ihres Lebens verbringen wollten.[80] Genossenschaftsbanken, Genossenschaftshandel, gewählte Stadtverwaltungen und andere demokratische Institutionen und Prozesse wurden geschaffen, aber die hauptsächliche Macht lag weiterhin in den Händen der Hohenzollern-Dynastie. Die Deutschen waren glücklich, produktiv und sehr patriotisch.

Wie andere Nationen hatte auch Deutschland seine Scharfmacher und Chauvinisten à la Friedrich v. Bernhardi[81], die gern vom Krieg sprachen. Wilhelm II. posierte

[80] Gemeint ist möglicherweise die Düsseldorfer Städteausstellung von 1912.

[81] Friedrich Adam Julius v. Bernhardi (1849–1930). Der deutsche Generalstäbler stammte aus altem estnischen Adel und wurde in St. Petersburg geboren. Als Leiter der Kriegsgeschichtlichen Abteilung im Großen Generalstab war er an der Ausarbeitung des Schlieffen-Plans beteiligt. Im Jahr 1912 veröffentlichte er das Buch *Deutschland und der nächste Krieg,* das bald nach seinem Erscheinen ins Englische und Französische übersetzt wurde. Bernhardi sah die Zukunft Deutschlands in den Alternativen Weltmacht oder Niedergang. Für die Weltmachtstellung sah er 1. die Niederwerfung Frankreichs, 2. die Gründung eines mitteleuropäischen Staatenbundes unter deutscher Füh-

gelegentlich als Kriegsherr und arbeitete emsig am Ausbau seiner Armee und seiner Flotte, in der Hoffnung, andere durch die Demonstration seiner Stärke von einem Angriff auf Deutschland abzuschrecken.

Wie auch immer, der deutsche Kaiser und seine Berater führten jedenfalls vierzig Jahre lang mit niemandem Krieg. Wilhelm II. sagte und glaubte, er sei eine mächtige Kraft, um den Frieden in Europa zu sichern. Die Deutschen waren Familienmenschen, und ihre Familien waren groß und kinderreich. Sie waren gesellig, verliebt in Musik und brachten musikalische Werke hervor, wie sie die Welt noch nie gehört hatte. Deutschlands Hauptstadt Berlin war einzigartig in der Qualität ihrer Architektur, ihrer Straßen, ihrer öffentlichen Plätze und Parks. Die Menschen waren nicht nur fleißig, sondern auch sparsam, und so nahmen der Wohlstand, das Handelsvolumen und die Finanzkraft Deutschlands rasch zu. Die Deut-

---

rung, 3. die Gewinnung neuer Kolonien als erforderlich an. Das Buch und v. Bernhardis Zugehörigkeit zum Generalstab dienten im Ersten Weltkrieg Franzosen und Engländern als Beweis für deutsche Aggressionsabsichten, obwohl seine Ansichten nicht mehrheitsfähig waren. Ganz im Gegenteil fand der 1901 aus dem Generalstab entlassene und 1909 pensionierte Offizier wenig Resonanz. Was den Nutzen seiner Äußerungen für die feindliche Öffentlichkeitsarbeit anging, so gab er sich im nachhinein ahnungslos: „Überall, schon während der Weltreise, wurde ich darauf angesprochen, nur in Deutschland nicht, obgleich sich auch das Auswärtige Amt mit dem Buche beschäftigt hatte und es – wie mir glaubwürdig erzählt wurde – hatte unterdrücken wollen. Es übte eine, wenn auch indirekte, so doch scharfe Kritik an unserer damaligen Politik. ... Daß es mir nicht gelingen würde, die Nation zum Verständnis ihrer wahren Lage zu erwecken, daß sie in ihrem unseligen Schlaf verharren, daß dagegen das Ausland sich meines Buches bemächtigen und daraus Waffen schmieden würde, konnte ich nicht voraussehen." Vgl. Bach, *Monatshefte*, S. 178.

schen wollten Sicherheit und Frieden, aber da sie glaubten, von gefährlichen Feinden umringt zu sein, legten sie einen wachsenden Nationalismus und Patriotismus an den Tag; sie entwickelten eine immer schlagkräftigere Armee und waren, wie die anderen Völker Europas, bereit, für die Verteidigung ihres Landes zu sterben.

Es widersprach den deutschen Interessen grundlegend, sich auf einen Krieg einzulassen. Das Deutschland von Schiller[82] und Goethe[83], von Wagner[84] und Beethoven[85] haßte den Krieg. Die deutsche Führung war gegen den Krieg und fürchtete ihn.

So wie die enormen militärischen Vorbereitungen Rußlands die Ängste der deutschen Regierung schürten, steigerten die deutschen Vorbereitungen die Furcht in Frankreich und stärkten diejenigen, die den Krieg planten.

Die preußische Armee samt dem Generalstab stellte wahrscheinlich die schlagkräftigste Militärmaschinerie dar, die jemals aus dem Boden gestampft worden war. Ihre Offiziere führten ein intensives, erfülltes und zutiefst befriedigendes Leben. Bei jeder Gelegenheit wurden sie von den Zivilisten dafür geehrt. Sie waren Männer, die ihr Leben dem Frieden und der Sicherheit ihres Landes gewidmet hatten. Sie hielten ihren Beruf in höchsten Ehren. Die

82 Friedrich Schiller (1759–1805), deutscher Dichter, Philosoph, Historiker und Arzt.

83 Johann Wolfgang v. Goethe (1749–1832), deutscher Dichter, Politiker und Naturforscher.

84 Richard Wagner (1813–1883), deutscher Komponist, Schriftsteller, Theaterregisseur und Dirigent.

85 Ludwig van Beethoven (1770–1827), deutscher Komponist.

Friedrich Schiller
(siehe Fußnote S. 75)

Johann Wolfgang v. Goethe
(siehe Fußnote S. 75)

Richard Wagner
(siehe Fußnote S. 75)

Ludwig v. Beethoven
(siehe Fußnote S. 75)

deutsche Armee pflegte ihre althergebrachten Traditionen. Deutscher Mut und deutsche Effizienz waren unübertroffen. Die Deutschen wußten, daß sie von Feinden umgeben waren, die genau so intelligent und viel zahlreicher waren als sie selbst, und daß sie nur hoffen konnten, diesen Nachteil durch Mut, Geschwindigkeit und Geschick auszugleichen. Jährlich hielten sie Manöver ab, ihre Offiziere studierten permanent die Kriegskunst, und die deutschen Wissenschaftler arbeiteten mit der Stahl- und Chemieindustrie zusammen, um immer besseres Kriegsgerät herzustellen.

Die Schlagkraft der preußischen Kriegsmaschinerie sprach sich herum, und die benachbarten Länder nahmen dies mit Besorgnis zur Kenntnis. Angesichts der wohlbekannten Effizienz des deutschen Militärs war es für Rußland, wenn die Zeit zum Angriff auf Deutschland gekommen war, unabdingbar, einen Zeitvorsprung von wenigstens einer Woche oder zehn Tagen gegenüber der deutschen Mobilmachung zu haben. Die Vereinbarungen zwischen dem französischen und dem russischen Generalstab gingen davon aus, daß die russischen Truppen am fünfzehnten Tag nach Beginn der Mobilmachung in Aktion treten könnten, die französischen und deutschen hingegen schon innerhalb von sieben bis zehn Tagen. Daher war es für die Russen vom militärischen Standpunkt aus unerläßlich, ihre seit dem 24. Juli 1914 laufenden militärischen Vorbereitungen zu verbergen und zu verhindern, daß die Deutschen Wind von diesen für sie so bedrohlichen Plänen bekamen. Die Deutschen wußten jedoch aus sicherer Quelle, was sich zusammenbraute, und der deutsche Militärattaché in St. Petersburg wies die Behauptung des russischen Generalstabschefs, es sei überhaupt keine Mobilmachung angelaufen, brüsk zurück.

Belgien

Die belgische Landschaft zwischen Deutschland und Frankreich ist eben, ohne größere natürliche Hindernisse. Es ist dies eine von fleißigen, produktiven und kultivierten Menschen dicht besiedelte Region mit engen Verbindungen zu Frankreich. Die Menschen sprechen mehrheitlich französisch und verwenden den Franc als Währung.

Wegen seiner geographischen Lage war dieses Gebiet schon früher oft Schlachtfeld. Die belgische Regierung hatte daher große Anstrengungen unternommen, sich ihre Neutralität von anderen Nationen garantieren zu lassen, aber die europäischen Militärstrategen wußten, daß Not kein Gebot kennt, und gingen samt und sonders davon aus, daß Belgien im Fall eines deutsch-französischen Krieges der notwendige Korridor für den Vormarsch deutscher Truppen nach Frankreich sein würde, denn die deutsch-französische Grenze war so stark befestigt, daß ein Durchkommen dort unmöglich war. Später wurde dies in Verdun offensichtlich, wo die Deutschen bei einem Durchbruchsversuch 500.000 Mann verloren und niemals einen entscheidenden Vorstoß unternehmen konnten. Das Interesse der belgischen Bevölkerung zwang ihre Regierung dazu, mit Frankreich und Großbritannien gegen Deutschland zu kooperieren, und es gab hierüber ein „Gentlemen's Agreement", obwohl die belgische Regierung offiziell Wert darauf legte, ihre Neutralität gegen die Verletzung durch jede Nation zu verteidigen. Die einzige Invasion, die sie erwartete und die einzige Invasion, gegen die sie sich vorbereitete, war aber die deutsche Invasion. Die europäischen Strategen wußten, daß der deutsche Generalstab sich im Fall eines deutsch-französischen Kriegs gezwungen sehen würde, Frankreich über Belgien anzugreifen.

Belgien vertraute auf französische und britische Rükkendeckung gegen Deutschland und suchte keine deutsche Unterstützung gegen eine französische Invasion. Aus militärstrategischen Gründen brauchte Frankreich keinen Zugriff auf belgisches Territorium in Richtung Deutschland. Für den Fall eines Kriegsausbruchs wurden die belgischen Verantwortlichen angewiesen, einen Durchzug französischer Truppen nicht als Verletzung des nationalen Territoriums zu betrachten.

Auch das Großherzogtum Luxemburg war wie Belgien als Durchgangsland von oder nach Frankreich unverzichtbar. Es unterhielt allerdings im Gegensatz zu Belgien keine Streitkräfte und konnte gegen den Durchzug fremder Truppen nur symbolischen Protest einlegen. Belgien hatte eine starke Armee. Die Festungen an der Grenze zu Deutschland waren zur Verteidigung hervorragend ausgerüstet und waren im August 1914 für einige Wochen in der Lage, dem deutschen Vormarsch zu widerstehen. In seiner bewundernswerten Tapferkeit ließ Belgien es nicht zu, daß Deutschland seine Neutralität verletzte, und es zahlte einen hohen Preis dafür. Es gehörte zu den Opfern der russischen Intrige.

Die Schweiz

Die Schweiz ist eine Republik, bewohnt von Franzosen, Deutschen und Italienern, in der alle drei Sprachen gesprochen werden, eine moderne und kultivierte Republik mit tapferen Einwohnern. Ihr Land ist wegen der hohen Berghindernisse leicht zu verteidigen, gut befestigt und verfügt über eine effiziente Streitmacht von 600.000 Mann. Keine der kriegsführenden Parteien konnte es sich leisten, die schweizerische Neutralität anzutasten, und keine unternahm einen Versuch in dieser Richtung.

Die Hochsee

Großbritanniens enorme Kriegsflotte, bestehend aus mehr als vierhundert Schiffen, kontrollierte während des Krieges uneingeschränkt den Atlantik, die Nordsee und die Ostseeausgänge. Die gesamte deutsche Handelsmarine war während des Krieges ausgeschaltet. Die französische Flotte zog sich aus dem Atlantik zurück und sicherte das Mittelmeer gegen Deutschland ab.

Imperialismus

Alle europäischen Nationen haben sich daran beteiligt, den Geist des Militarismus zu schüren, da sie in Furcht voreinander lebten und vielfachen Anlaß zu Streitigkeiten hatten, wegen wirklicher oder eingebildeter Gefahren für ihre imperialistische und aggressive Politik, und alle großen Nationen, selbst die Balkanstaaten, kultivierten diesen kriegerischen Geist, der es den Intriganten möglich machte, die Katastrophe von 1914 vom Zaun zu brechen.

Keine der kriegsführenden europäischen Regierungen kann völlig von der Verantwortung für die Schaffung jener Verhältnisse freigesprochen werden, unter denen der Krieg möglich wurde.

In Europa herrschte die Ansicht vor, der einzige Weg, eine ausländische Invasion und den Krieg im eigenen Land zu verhindern, sei die Vorbereitung auf „Verteidigung". Dies glaubten sowohl die Zivilisten als auch die Militärkaste, aber die Militärkaste ging einen Schritt weiter und war der Überzeugung, der beste Weg, einen Verteidigungskrieg zu führen, bestehe in der Planung eines *Offensivkriegs*. Der Plan lautete, zuerst zuzuschlagen. Diese Absicht geht aus den Aufzeichnungen der jährlichen Militärkonferenzen zwischen dem russischen und dem französischen Generalstab hervor.

Alle großen europäischen Nationen betrieben auch eine Politik der kolonialen Expansion, eigneten sich Territorien in Übersee an und übernahmen die Herrschaft über schwächere und nicht verteidigungsfähige Völker. Ihr Verhältnis zueinander war durch starke Rivalitäten geprägt, die in Afrika einen ernsthaften Konflikt zwischen Frankreich und seinen Verbündeten und Deutschland heraufbeschworen.

Dies alles zusammen trug zum Erfolg jener Intrigen bei, die schließlich in den Weltkrieg mündeten. Für die Durchführung ihrer Politik hatten alle Länder Europas kräftig aufgerüstet; es kam zu einem recht eigentlichen Wettrüsten, und alle Seiten bereiteten sich auf den Krieg vor.

Die Bevölkerung wurde durch die Berichte der Presse dazu gebracht, all diese Schritte als Verteidigungsvorbereitungen zu akzeptieren, auch wenn in Wirklichkeit ein Angriff geplant wurde. Frankreich, Deutschland, Österreich, Rußland und Serbien hatten alle ihre Hurrapatrioten, die

Théophile Delcassé
(siehe Fußnote S. 83)

René Viviani
(siehe Fußnote S. 83)

Alexandre Millerand
(siehe Fußnote S. 83)

den Krieg verherrlichten und Angst und Haß schürten, aber die wirkliche Macht lag in den Händen weniger, und es war der kaltblütige Wille zum Krieg bei Iswolski, Sasonow, Großherzog Nikolaus und anderen in Rußland sowie von Raymond Poincaré, Théophile Delcassé[86], René Viviani[87], Alexandre Millerand[88] und anderen in Frankreich, der zum Weltenbrand führte.

Der deutsche Kaiser war überzeugt, daß ein Krieg der Entente-Verbündeten gegen Deutschland dessen Niederlage bedeuten würde, und verlieh dieser Überzeugung am 30. Juli 1914 schriftlich Ausdruck. Er tat sein Äußerstes, um einer solchen Entwicklung vorzubeugen.

---

86 Théophile Delcassé (1852–1923), führender Politiker der französischen Dritten Republik und von Juni 1898 bis Juni 1905 französischer Außenminister. Delcassé betrieb die schrittweise Annäherung an Großbritannien, um ein Gegengewicht gegen Deutschland zu schaffen und eine Revanche für die Niederlage von 1870/71 zu erreichen. Am 8. April 1904 gelang ihm der Abschluß der *Entente Cordiale* zwischen Großbritannien und Frankreich. Von Februar 1913 bis Januar 1914 war er französischer Botschafter in St. Petersburg und vom 26. August 1914 bis zum 13. Oktober 1915 erneut französischer Außenminister. Sein wichtigster Erfolg in dieser Phase war der Kriegseintritt Italiens auf Seite der Entente.

87 René Raphaël Adrien Viviani (1863–1925), französischer Politiker der Dritten Republik. Viviani war von Juni 1914 bis Oktober 1915 Premierminister unter Staatspräsident Raymond Poincaré. In seine Amtszeit fiel der Beginn des Ersten Weltkrieges. In den ersten Kriegsmonaten versuchte er in einer diplomatischen Initiative erfolglos, das mit der Entente verbündete Japan zu militärischer Unterstützung in Europa zu bewegen.

88 Alexandre Millerand (1859–1943), französischer Politiker. Millerand bekleidete unter seinem Studienfreund Raymond Poincaré von Januar 1912 bis Januar 1913 und von August 1914 bis Oktober 1915 das Amt des französischen Kriegsministers. Nach dem Ersten Weltkrieg fungierte er als Generalkommissar der Republik für die Wiedereingliederung Elsaß-Lothringens.

Kriegspläne und Kriegsbeute

Wie der Weltkrieg von sehr wenigen Männern inszeniert wurde

Die Beweisführung, wie der Weltkrieg entstanden ist, ist nun vollständig. Er wurde von den russischen Beamten eingefädelt, die das Außenministerium kontrollierten, angeführt von Iswolski, dem früheren Außenminister des russischen Reichs, der während der letzten Friedensjahre russischer Botschafter in Paris war.

Iswolskis Aktivitäten sind Gegenstand eingehender Forschungen geworden. Seine Briefe und Berichte wurden von Friedrich Stieve[89], René Marchand und anderen

[89] Friedrich Stieve (1884–1966), deutscher Schriftsteller, Historiker und Diplomat. Während des Ersten Weltkrieges war er Presseattaché an der Deutschen Gesandtschaft in Stockholm. Ab 1922 leitete er das Kriegsschuldreferat im Auswärtigen Amt in Berlin. Von 1933 bis 1936 war er Archivleiter des Politischen Archivs des Auswärtigen Amtes.

analysiert und veröffentlicht. Seine persönliche Verwicklung in das Komplott zur Auslösung des Kriegs wurde von Stieve in dem Buch *Iswolski und der Weltkrieg* aufgearbeitet. Im Mai 1906 war Iswolski an die Spitze des Außenministeriums des russischen Reichs berufen worden. Kurz zuvor, im März 1906, war er nach Paris gefahren, wo er sich mit drei anderen russischen Diplomaten traf – Graf Alexander v. Benckendorff[90] (russischer Botschafter in London), Alexander Nelidow[91] (russischer Botschafter in Paris) und Graf Michail Murawiew[92] (russischer Botschafter in Rom). Es kam zu einem Meinungsaustausch zwischen diesen vier Männern, und sie schmiedeten den Plan, eine Triple Entente zwischen Rußland, Frankreich und Großbritannien zu begründen. Der neue Außenminister informierte den Zaren über die Ergebnisse, als er die Amtsgeschäfte übernahm. Iswolski beschrieb sie selbst als Programm, dessen weitere Entwicklung zum System der Triple Entente führen werde und in dessen Rahmen die vier Diplomaten beschlossen hätten, die Al-

90 Alexander Philipp Konstantin Ludwig v. Benckendorff (1849–1917), russischer Diplomat. Von 1903 bis zu seinem Tod russischer Botschafter in London (*Ambassador to the Court of St James's*). Benckendorff war an den Verhandlungen zum Vertrag von Sankt Petersburg im Jahre 1907 beteiligt, aus dem sich die *Triple Entente* entwickelte und 1915 Mitunterzeichner des Londoner Vertrages, mit dem der Kriegseintritts Italiens beschlossen wurde.

91 Alexander Iwanowitsch Nelidow (1838–1910), russischer Diplomat. Von 1904–1910 russischer Botschafter in Paris.

92 Graf Michail Nikolajewitsch Murawiew (Murawjow) (1845–1900), russischer Politiker und Diplomat. 1880 Botschaftssekretär in Paris, 1885 Botschaftsrat in Berlin, 1893 Gesandter in Dänemark und 1896 russischer Außenminister.

Alexander v. Benckendorff
(siehe Fußnote S. 85)

Alexander Nelidow
(siehe Fußnote S. 85)

Michail Murawiew
(siehe Fußnote S. 85)

Edward VII.
(siehe Fußnote S. 87)

lianz mit Frankreich durch Abmachungen mit Großbritannien und Japan zu verstärken.

Unmittelbar nach seiner Amtsübernahme begann er, an einem Ausgleich mit Großbritannien und dessen Verbündetem Japan zu arbeiten. Am 30. Juli 1907 wurde zwischen Rußland und Japan eine Vereinbarung unterschrieben, in der alle strittigen Fragen geklärt wurden. Am 31. August 1907 wurde in St. Petersburg ein Abkommen unterzeichnet, in dem sämtliche Streitfragen zwischen den beiden Mächten in Bezug auf Afghanistan, Tibet und Persien beigelegt wurden.

Iswolskis Ziele stimmten mit der Politik des britischen Königs Edward VII.[93] überein, Deutschland einzukreisen. Die Entente mit Großbritannien wurde dann bei dem Treffen des britischen Königs mit dem Zaren im Juni 1908 zementiert.

Angesichts dieser Politik der Stärkung der Triple Entente gegen den sogenannten Dreibund scheiterte dann der Vertrag, der 1905 in Björkö zwischen dem deutschen Kaiser und dem Zaren geschlossen worden war und der freundschaftliche Beziehungen zwischen Rußland, Deutschland und Frankreich vorsah; er wurde niemals ratifiziert.

Der negative Einfluß der französischen Regierung und der Triple Entente vereitelte etliche weitere Anstrengungen der Deutschen, einen Ausgleich entweder mit Großbritannien, mit Frankreich oder mit Rußland zu errei-

[93] Edward VII. (1841–1910), vom 22. Januar 1901 bis zu seinem Tod englischer König. Erster britischer Herrscher aus dem Haus Sachsen-Coburg und Gotha.

chen. Das geheime und finstere Ziel, das Iswolski und die russische sowie die französische Führung dabei im Visier hatten, wurde durch die Berichte restlos aufgedeckt, die de Siebert in *Entente Diplomacy and the World War* und René Marchand in *Un Livre Noir* veröffentlicht haben, sowie in den von Stieve editierten *Iswolski-Papieren*. In de Sieberts Publikation finden sich 856 Geheimberichte aus dem Nachrichtenaustausch zwischen dem russischen Außenministerium und Benckendorff, dem russischen Botschafter in London. *Un Livre Noir* enthält eine ähnliche Anzahl von Geheimberichten, ausgetauscht zwischen dem russischen Außenministerium und seinem Botschafter Iswolski, der als Nachfolger des 1910 verstorbenen Nelidow zu Moskaus Gesandtem in Paris ernannt worden war.

Diese streng geheimen Berichte offenbaren Tag für Tag klar und deutlich die Ziele der russischen Politik. Sie bestanden zum einen darin, daß Rußland die Kontrolle über die Dardanellen erhalten müsse, als Voraussetzung dafür, russischen Produkten den Zugang zum Weltmarkt zu verschaffen, und zum zweiten in der Ausdehnung des russischen Einflusses auf dem Balkan und in Richtung Westen gegen Deutschland und Österreich, ein Ziel, das nur durch einen großen europäischen Krieg erreichbar war, in dem Rußland, Frankreich und Großbritannien zusammen mit Verbündeten auf dem Balkan Deutschland überwinden würden. Die russischen Imperialisten waren sich der Zugeständnisse vollkommen bewußt, die man den verschiedenen Verbündeten würde einräumen müssen, um sie für einen großen Krieg gegen Deutschland zu gewinnen.

Da waren in erster Linie die Ambitionen jener wenigen französischen Politiker, die Frankreichs Außenpolitik kontrollierten. Sie wünschten die Rückkehr Elsaß-Lothringens, der großen Erzminen in Lothringen, sie schauten begehrlich auf die Kohle des Saargebiets und wollten Rache an Deutschland nehmen für Entwürdigung und Demütigung während des Krieges von 1870/71, und sie planten die dauerhafte Brechung der wachsenden Macht Deutschlands. Die französische Regierung bekam, was sie wollte, aber der Preis dafür war höher, als Poincaré erwartet hatte.

Die Zusammenarbeit mit Serbien wurde gesichert, indem man Serbien die russische Unterstützung für die panslawistische Bewegung und für ein „Groß-Serbien" zusicherte und verlieh; es wurde vereinbart, die südslawische Bevölkerung in Österreich und den angrenzenden Gebieten mitsamt dem von ihr bewohnten Land „Groß-Serbien" anzugliedern. Die serbische – bzw. jetzt jugoslawische – Regierung bekam, was sie wollte.

Rumänien wurde durch den Gewinn Siebenbürgens zufriedengestellt, das seinem Territorium zugeschlagen wurde. Bulgarien war ursprünglich ebenfalls heimlich als Verbündeter umworben worden, indem man ihm die Erfüllung einiger seiner Ansprüche in Aussicht stellte, doch da es im Weltkrieg auf deutscher Seite gekämpft hatte, ging es schließlich leer aus. Großbritannien arbeitete mit Frankreich hauptsächlich zusammen, weil Deutschland ein gefährlicher Handelsrivale geworden war, weil es eine Flotte baute, die Großbritanniens Seeherrschaft herausforderte, und weil man annahm, sein Sieg über Frankreich würde seine Herrschaft über Westeuropa bedeuten und eine Bedrohung britischer Interessen darstellen.

Die russische Intrige zwischen Iswolski und den französischen Politikern wurde politisch möglich, weil der französische Präsident nach der Verfassung von 1875 das Recht hatte (und immer noch hat), in eigener Verantwortung Verträge abzuschließen, ohne den französischen Senat oder das Parlament konsultieren oder seine Zustimmung einholen zu müssen.

Joseph Bathélemy[94], französischer Professor für Politikwissenschaft, schrieb im Jahr 1917 in *Démocratie et Politique Etrangère* in bezug auf die Prinzipien der französischen Verfassung:

> *„Die Verfassung von 1875 war, neben einigen anderen Dingen, letztlich vor allem das Ergebnis des Zwangs zur Zusammenarbeit einer eigentlich monarchistischen Mehrheit, die unfähig war, eine Monarchie zu errichten, und einer republikanischen Minderheit.*
>
> *Im Prinzip leitet der Präsident der Republik die Außenpolitik allein; bei ihm sind die Botschafter auswärtiger Mächte akkreditiert; in seinem Namen sprechen die Botschafter Frankreichs; er betreibt die Verhandlungen; es ist seine Unterschrift, die das Land an internationale Abmachungen bindet, die er juristisch geschaffen hat.*
>
> *Dieses Prinzip kommt in Artikel 8 der Verfassung vom 16. Juli 1875 zum Ausdruck, wo dem Präsidenten der Republik das Recht eingeräumt wird, allein*

[94] Joseph Bathélemy (1874–1945), französischer Journalist, Politiker und Jurist.

aufgrund seiner Autorität Verträge auszuhandeln und zu ratifizieren.
Beinahe alle größeren internationalen Ereignisse in den letzten fünfzig Jahren, die gewisse Wendepunkte unserer Außenpolitik dargestellt haben, beinahe alle, die Frankreichs Schicksal nachhaltig geprägt haben, waren allein ein Werk der Regierung und wurden nur durch den Präsidenten der Republik ratifiziert. Dies wird durch den Artikel 8 der Verfassung möglich, der für die vielleicht wichtigsten aller Verträge, die politischen Verträge und die Bündnisverträge, keine parlamentarische Zustimmung vorsieht."

Unter diesen Verhältnissen war es möglich, daß der vollkommen geheime Vertrag zwischen Rußland und Frankreich über militärische Operationen gegen Deutschland im Jahr 1892 ohne Wissen des französischen Parlaments und des französischen Volkes geschlossen werden konnte. Unter diesen Rahmenbedingungen wurden 1916/17 zwischen Rußland und Frankreich auch die Geheimverträge über die Aufteilung Deutschlands und Österreichs verfaßt.

In ganz ähnlicher Manier wird Großbritanniens Außenpolitik durch das Foreign Office, das Außenministerium an der Downing Street Nr. 10, betrieben, ohne daß es nötig ist, sie parlamentarisch absegnen zu lassen oder das Parlament auch nur darüber in Kenntnis zu setzen.

Seine Vereinbarungen mit der französischen sowie der russischen Regierung über eine militärische Zusammenarbeit Rußlands, Frankreichs und Großbritanniens zu

Land und zur See konnte Sir Edward Grey unter völliger Geheimhaltung abschließen; er folgte den Linien, die von den Generalstäben der drei Länder ausgearbeitet worden waren. Dem Parlament legte er keine dieser Vereinbarungen vor, bevor sich Großbritannien bereits im Krieg befand. Sechsmal wurde dem Parlament versichert, es gebe keine solchen Vereinbarungen.

Es ist von allergrößter Bedeutung, daß die Welt die Struktur dieser Art von Außenpolitik begreift und erkennt, was sie mit dem Ausbruch des Weltkriegs zu tun hatte.

Diese Machtstrukturen in der französischen und britischen Regierung existieren bis heute unverändert weiter.

Der französisch-russische Vertrag von 1892–94

Der folgende Geheimvertrag, der im Jahr 1892 vom russischen Außenminister und dem Präsidenten der Französischen Republik ausgehandelt und 1894 abgeschlossen wurde, war nach französischem Gesetz also legitim. Über diese Frage haben die Franzosen nach dem Krieg, als sie die Vereinbarungen erstmals öffentlich machten, ein spezielles Gelbbuch verfaßt. Die wesentlichen Passagen finden sich im Merkblatt Nr. 136 der American Association for International Conciliation vom März 1919:

> *„Frankreich und Rußland, beseelt vom gemeinsamen Wunsch nach Frieden und ohne ein anderes Ziel, als sich über die Notwendigkeiten eines Verteidigungskriegs gegen einen Angriff einer der Mächte des Drei-*

bunds gegen einen von ihnen zu verständigen, haben folgendes vereinbart: [Diese Erklärung der eigenen Unschuld wurde wohl für nützlich erachtet, falls der Vertrag einmal veröffentlicht werden mußte; Owen]

1. *Wenn Frankreich von Deutschland angegriffen wird, oder von Italien mit der Unterstützung Deutschlands, wird Rußland mit allen verfügbaren Kräften gegen Deutschland vorgehen.*
2. *Für den Fall, daß die Dreibundmächte, oder eine der dazu gehörenden Mächte (z.B. Österreich) mobilisieren sollten, werden Frankreich und Rußland beim ersten Anzeichen einer solchen Entwicklung, ohne daß weitere Übereinkünfte nötig wären, sämtliche Streitkräfte mobilisieren und so nahe wie möglich an die Grenze heranführen.*
3. *Die verfügbaren Streitkräfte, die gegen Deutschland gerichtet sein müssen, werden für Frankreich aus 1.300.000 Mann bestehen, für Rußland aus 700.000–800.000.* [Frankreich verfügte 1913 über 200.000 mehr als die erwähnten 1.300.000 Soldaten, und Rußland hatte 1914 2.230.000 Mann unter Waffen; Owen]
   Diese Streitkräfte werden ihre Aktionen mit größter Geschwindigkeit durchführen, so daß Deutschland zur gleichen Zeit im Osten und im Westen kämpfen muß.
4. *Die Generalstäbe der Armeen beider Länder werden in ständigem Kontakt verbleiben, um die oben vereinbarten Schritte vorzubereiten und ihre Ausführung sicherzustellen.*

Sie werden in Friedenszeiten gegenseitig sämtliche Informationen über die Streitkräfte der Dreibundmächte austauschen, sobald sie ihnen vorliegen. Über die Art und Weise der Nachrichtenübermittlung im Kriegsfall werden im Vorfeld Vereinbarungen getroffen.

5. *Frankreich und Rußland werden keinen separaten Friedensvertrag schließen.*
6. *Die gegenwärtige Vereinbarung gilt für die Dauer der Dreibundallianz.*
7. *Alle obigen Vereinbarungen unterliegen absoluter Geheimhaltung."*

Zur Umschreibung des sofortigen Angriffs auf Deutschland für den Fall einer Mobilmachung Deutschlands oder Österreichs, wie sie in diesem Geheimvertrag vereinbart wurde, wählte General de Boisdeffre die Worte: „*Mobilmachung ist Krieg*". Zar Alexander III. antwortete: „*So verstehe ich das auch.*"

Die französisch-russischen Militärkonferenzen

Wie es der Vertrag vorsah, führten der russische sowie der französische Generalstab zahlreiche Treffen durch, um die Pläne und Methoden für den Angriff auf Deutschland zu besprechen.

Protokolle von dreien dieser Treffen in den Jahren 1911, 1912 und 1913 finden sich in den Aufzeichnungen des amerikanischen Kongresses vom 18. Dezember 1923 auf den Seiten 358 bis einschließlich 362.

Als Präambel wurde dem Protokoll jeder dieser Konferenzen die folgende, bemerkenswerte Erklärung vorangestellt:

> *„Beide Generalstabschefs erklären übereinstimmend, daß der Begriff ‚Verteidigungskrieg' nicht in dem Sinn interpretiert werden darf, daß es sich um einen rein defensiv zu führenden Krieg handelt. Sie bekräftigen im Gegenteil die absolute Notwendigkeit einer entschlossenen und so gleichzeitig wie möglich auszuführenden Offensive der russischen und französischen Streitkräfte, wie im Artikel 3 des Vertrags vorgesehen, wo es heißt, daß ‚die Streitkräfte der beiden Vertragspartner ihre Aktionen mit größter Schnelligkeit durchführen werden'."*

Man stellt fest, daß der Begriff „defensiv" also nur eine diplomatische Floskel war. Auf französisch lautet diese entsprechende Passage: „Les forces des deux puissances contractantes s'engagent à fond et en toute diligence".

Artikel 1 lautete:

> *„Die Generalstabschefs bekräftigen den Standpunkt der früheren Konferenzen und sind sich weiterhin völlig einig darin, daß die Niederlage der deutschen Streitkräfte unter allen Umständen das erste Ziel der alliierten Armeen bleibt."*

Im Artikel 3 stellte der französische Generalstabschef folgende Überlegung an:

> *„Aus dem, was über die deutsche Mobilmachung und Truppenkonzentration bekannt ist, läßt sich schließen, daß das erste Zusammentreffen zwischen dem fünfzehnten und dem achtzehnten Tag in Lothringen, Luxemburg und Belgien stattfinden wird."* [So bricht sie also zusammen, die Legende von dem fassungslosen Entsetzen, mit dem die alliierten Regierungen angeblich die deutsche Invasion in Belgien zur Kenntnis nahmen.] *In diesem Moment wird die französische Armee stärker sein als die 1.300.000 Mann, die Artikel 3 des Vertrags vorsehen."*

Das Protokoll fährt fort:

> *„Das eigentliche Ziel der Militärkonvention von 1892 kann nur in der Offensive erreicht werden. Der Effekt der Offensive wird um so größer sein, je schneller sie beginnt, mit um so überlegener Stärke sie ausgeführt wird und wird dann eine für den Feind gefährliche Richtung nehmen. Unter diesen Umständen, darin stimmen die beiden Konferenzparteien überein, werden die Deutschen die Hauptmasse ihrer Streitkräfte gegen Frankreich richten.* [Somit war also auch das keine Überraschung.] *Der französische Generalstab schlägt vor, die russischen Armeen so aufzustellen, daß die Offensive der Vorhut am achtzehnten Tag einsetzen kann. Möglicherweise kann dieser Termin auch vorgezogen werden, aufgrund der letzten Verbesserungen bei der russischen Mobilmachung und Truppenführung."*

General Augustin Dubail[95] schließt seine Ausführungen mit der Bemerkung, daß er sich der vielfältigen Gründe durchaus bewußt sei, aufgrund deren Rußland die Stationierung seiner Truppen in Friedenszeiten verändert habe. Er drückt seine tiefe Anerkennung für die Anstrengungen aus, mit denen Rußland in den letzten drei Jahren seine Militärmacht verstärkt habe, und er ist glücklich über die Erfolge, die von der befreundeten und verbündeten Armee insgesamt in der Frage der Mobilmachung erzielt wurden.

General Jakow Grigorjewitsch Schilinski[96] erklärt im Namen Rußlands unter anderem, daß Rußland die Vorbereitungen seiner Streitkräfte verstärkt habe:

> *„Unter diesen Umständen wird Rußland für wenigstens zwei Jahre nicht imstande sein, einen Krieg gegen Deutschland mit Erfolgsgewißheit führen zu können."* [Also nicht vor 1913. Im Jahr 1914 erklärten Rußlands Militärchefs in einer Publikation des russischen Kriegsministeriums öffentlich ihre Kriegsbereitschaft; Owen]

Es ist mithin offensichtlich, daß die vorgetäuschte Überraschung der französischen und der russischen Re-

---

95 Augustin Yvon Edmond Dubail (1851–1934), französischer Offizier. Ab 1911 Chef des französischen Generalstabs. In dieser Funktion nahm er während der Zweiten Marokkokrise an Gesprächen über eine britische Kriegsbeteiligung teil und unternahm eine Mission nach Rußland, bei der er die Zusage einer frühzeitigen russischen Invasion Ostpreußens erhielt.

96 Jakow Grigorjewitsch Schilinski (1853–1918), leitete als russischer Generalstabschef die russische Militärdelegation in Frankreich und führte die Verhandlungen mit General Joffre auf der Gegenseite.

gierung nicht der Wahrheit entsprach; sie verstanden sehr gut, daß Deutschland im Kriegsfall durch Belgien und Luxemburg marschieren mußte, und die Behauptung, daß Rußland und Frankreich darauf nicht vorbereitet gewesen seien, war ebenfalls falsch, wie aus den französischen und russischen Aufzeichnungen selbst hervorgeht, die bei diesen Konferenzen angefertigt wurden.

Die offiziellen Beweise für den Plan, Deutschland anzugreifen, stammen von russischer und französischer Seite. Artikel 4 der Aufzeichnungen lautet:

> *„Die Protokolle der Konferenz werden den Regierungen beider Länder zur Verfügung gestellt und dem Kriegsminister und dem Regierungschef vorgelegt, so daß die Generalstäbe der alliierten Streitkräfte auf dieses Dokument bei der Umsetzung der wünschenswerten Maßnahmen zurückgreifen können."*

Damit waren diese Kriegspläne für einen Angriff auf Deutschland von den Regierungschefs Frankreichs und Rußlands abgesegnet worden. Man kam auch überein, keinen Separatfrieden abzuschließen:

> *„Die beiden Parteien stimmen darin überein, daß Artikel 5 beide Parteien bindet, als Einzelne nicht nur keinen Frieden zu schließen, sondern auch keine Schritte in Richtung Waffenstillstand zu unternehmen."*

Die Militärkonferenzen von 1912 und 1913 bestätigten die vorausgegangenen Vereinbarungen, und auf der Konferenz im August 1913 hieß es dann:

> *„General Joffre*[97] *erklärt, daß Frankreich fast all seine Streitkräfte an seiner nordöstlichen Grenze einsetzen und daß ihre Zahl die vertraglich vereinbarte um mehr als 200.000 Mann übertreffen* [also die Zahl von 1.500.000 übersteigen] *wird; die Konzentration dieser Streitkräfte wird am zehnten Tag im wesentlichen abgeschlossen sein, und ihre Offensive wird am Morgen des elften Tages beginnen."*

Poincaré, Frankreichs Präsident, erklärte am 4. August 1914 vor dem französischen Parlament, die französische Armee sei einsatzbereit. Also mußte ihre Mobilmachung elf Tage früher begonnen haben, am 24. Juli 1914.

Diese Militärkonferenzen legten die Wege zu den deutschen Grenzen fest, da sie als wichtig für die schnelle Mobilmachung russischer Truppen gegen Deutschland erachtet wurden. Es steht fest, daß General Joffre über 1.500.000 einsatzbereite Soldaten verfügte, und da sie am 4. August bereit waren, mußten sie ab dem 24. Juli mobilisiert worden sein. Viele dieser Truppen kamen aus Frankreichs afrikanischen Kolonien – Marokkaner, andere Araber, Schwarzafrikaner. Europäer töteten Europäer durch rekrutierte Farbige. Diese ganzen Aufzeichnungen müssen im Licht des Geheimvertrags zwischen der russischen und der französischen Regierung über einen Angriffskrieg gegen das deutsche Volk interpretiert werden, das von dieser

[97] Joseph Jacques Césaire Joffre (1852–1931), französischer Offizier und Marschall von Frankreich. Während des Ersten Weltkrieges war Joffre bis zum 15. Dezember 1916 Oberbefehlshaber der französischen Armee.

Augustin Dubail
(siehe Fußnote S. 97)

Joseph Joffre
(siehe Fußnote S. 99)

Verschwörung nichts wußte. Sogar die Existenz des Vertrags selbst wurde geheimgehalten; schließlich hielt Artikel 7 der Vereinbarung ausdrücklich fest:

> *„Alle obigen Vereinbarungen unterliegen absoluter Geheimhaltung."*

Aus diesen militärischen Vereinbarungen gehen einige essenziell wichtige Fakten hervor. Erstens war die angeblich fehlende Vorbereitung Rußlands und Frankreichs im Jahr 1914 eine kolossale und bewußte Lüge, in der Absicht, die Welt zu täuschen, damit sie die Behauptungen von der Unschuld der russischen und französischen Führer und der Schuld der deutschen Führung schluckte. Rußland war, das läßt sich den Aufzeichnungen entnehmen, im Jahr 1914 mit aller für den Krieg nötigen schweren und leichten Artillerie versorgt. In der St. Petersburger Presse konnte man lesen, daß Rußland kriegsbereit war und über mehr als zwei Millionen kriegsbereite Soldaten verfügte.

Die Militärvereinbarungen waren nicht auf die Generalstabschefs Rußlands und Frankreichs beschränkt, denn:

> *„Die Protokolle der Konferenz wurden den Regierungen beider Länder zur Verfügung gestellt und dem Kriegsminister und dem Regierungschef vorgelegt."*

Die Vereinbarungen sahen umfassende Kommunikation via Kuriere, Kabel und Funk vor. Über die Aufteilung deutschen und österreichischen Gebiets wurde ebenfalls

Übereinstimmung erzielt, und diese Vereinbarungen werden auf Seite 326 des Kongreß-Protokolls vom 18. Dezember 1923 dokumentiert.

Letztlich bedeutete „Mobilmachung“ nichts anderes als eine Kriegserklärung durch die russische und die französische Regierung, was in dem Geheimvertrag ja ausdrücklich festgehalten wurde; die mit französischer Billigung erfolgte öffentliche Verkündung der russischen Mobilmachung am 30. Juli und die Weigerung, sie abzublasen, gaben den Startschuß zum Waffengang gegen Deutschland und damit zum Weltkrieg.

Es waren demnach die Russen und die Franzosen, die den Weltkrieg begonnen haben. Deutschland erkannte das und stellte es am 1. August 1914 um 19.10 Uhr öffentlich fest, acht Tage nachdem der Krieg *de facto* begonnen hatte und zwei Tage nachdem er von seiten Rußlands durch die öffentliche Mobilmachung erklärt worden war.

Die Teilung der Kriegsbeute

Am 24. Februar 1916 kabelte Sasonow an Iswolski, den russischen Botschafter in Paris:

> *„Die während des Krieges abgeschlossenen politischen Vereinbarungen zwischen den Alliierten müssen unverändert bleiben und sind nicht Gegenstand einer Revision. Sie umfassen das Übereinkommen mit Frankreich und England über Konstantinopel, die Meerengen, Syrien und Kleinasien sowie den Londoner Vertrag mit Italien. Alle Vorschläge für die*

künftige Einteilung Mitteleuropas kommen gegenwärtig noch zu früh, aber grundsätzlich können wir sagen, daß wir England und Frankreich völlige Freiheit einräumen, die Westgrenze Deutschlands nach Belieben festzulegen, in der Erwartung, daß uns die Alliierten ihrerseits völlige Freiheit bei der Gestaltung unserer Grenzen zu Deutschland und Österreich zugestehen."

Dies hieß im Klartext folgendes: Rußland würde Konstantinopel und die Meerengen kontrollieren und sich im Osten Deutschlands nach Belieben bedienen, während sich Frankreich im Westen Deutschlands nehmen konnte, was es wollte.

Im Londoner Vertrag mit Italien waren Italien verschiedene Gebiete versprochen worden, die anderen Staaten gehörten, auf welche die italienische Regierung jedoch ein Auge geworfen hatte. Im gleichen Telegramm heißt es:

„Rumänien sind bereits alle politischen Vorteile versprochen worden, damit es zu den Waffen greift, und daher wäre es völlig unangebracht, in dieser Hinsicht noch mehr Köder auszulegen."

Die Verwendung des Wortes „Köder" wirkt hier befremdlich, ist jedoch zugleich höchst aufschlußreich. Das ist nicht die normale Sprache des diplomatischen Verkehrs, aber es gibt einen Hinweis darauf, aus welchen Motiven Sasonow das große Gebiet Siebenbürgens der rumänischen Regierung als „Köder" hingeworfen hat wie eine Hirschkeule einem Hund. Er verfolgte damit zweifellos das Ziel, die Zusammenarbeit mit gewissen rumänischen Führern zu erleichtern, obwohl das rumänische Königshaus wichtige verwandtschaftliche Beziehungen zu Rußland und Großbritannien hatte, etwa durch die kluge und schöne Königin von Rumänien, die Tochter des Herzogs von Edinburgh[98], deren Einfluß in Rumänien von großer Bedeutung war.

Am 1. Februar 1917 teilte der russische Außenminister dem französischen Botschafter in Petrograd mit:

> *„In der heutigen Note beehrte sich Eure Exzellenz, der kaiserlichen Regierung mitzuteilen, daß die Regierung der Republik ins Auge faßt, Deutschland in territorialer Hinsicht die folgenden Friedensbedingungen anzubieten:*
>
> *1. Elsaß-Lothringen kehrt zu Frankreich zurück.*
> *2. Die Grenzen werden anhand der Grenzen des früheren Fürstentums Lothringen festgelegt und beinhalten aufgrund der strategischen Interessen der französischen Regierung sowohl die gesamten Erzvorkommen Lothringens als auch die gesamten Kohlevorkommen des Saargebietes.*
> *3. Die übrigen Gebiete westlich des Rheins, die derzeit einen Teil des Deutschen Reichs bilden, sind von Deutschland abzuspalten sowie von jeder politischen oder wirtschaftlichen Abhängigkeit von Deutschland zu befreien.*

[98] Alfred v. Sachsen-Coburg und Gotha (1844–1900), Herzog von Edinburgh, Sohn der britischen Königin Victoria und Bruder des britischen Königs Edward VII.

> 4. *Die Gebiete am Westufer des Rheins außerhalb Frankreichs bilden einen autonomen und neutralen Staat und werden von französischen Truppen besetzt, bis die Feindstaaten alle Bedingungen des Friedensvertrags vollständig erfüllt haben.*
>
> *Eure Exzellenz brachte zum Ausdruck, daß die Regierung der Republik sich glücklich schätzen würde, bei der Umsetzung dieser Ziele auf die Unterstützung der kaiserlichen Regierung zählen zu können. Auf Befehl seiner kaiserlichen Majestät, meines allerhöchsten Herrn, habe ich die Ehre, Ihnen mitteilen zu können, daß Sie auf die Unterstützung der kaiserlichen Regierung bei der Verwirklichung dieser Pläne zählen können."*

So wurde den französischen Staatsmännern glücklich versprochen, was sie gewollt hatten – Elsaß-Lothringen, die Kohle der Saar, die Abspaltung des deutschen Rheinlands als neutraler Staat, seine Besetzung durch französische Truppen.

Am 26. Februar 1917 schickte Iswolski, der russische Botschafter, folgendes Telegramm an Nikolai Pokrowski[99]:

> *„Ich verweise auf mein Telegramm Nr. 167, Nr. 2. Die Regierung der Französischen Republik, die Wert darauf legt, die 1915 mit der russischen Regierung geschlossenen Verträge zu bekräftigen, bestätigt, daß die Konstantinopel-Frage im Einklang*

[99] Nikolai Nikolajewitsch Pokrowski (1865–1930), letzter Außenminister des Zarenreiches vor der Russischen Revolution.

> *mit den russischen Wünschen zu lösen ist; sie legt andererseits Wert darauf, für ihren Verbündeten jede wünschenswerte Garantie für seine Sicherheit unter allen militärischen und wirtschaftlichen Aspekten zu erlangen und stellt daher Rußlands völlige Freiheit bei der Gestaltung seiner Westgrenze fest."*

Die französische Regierung versprach der russischen also, deren Wünsche in Bezug auf Konstantinopel und die Meerenge zu unterstützen und Rußland außerdem noch „völlige Freiheit bei der Gestaltung seiner Westgrenze" einzuräumen. Hinter dieser diplomatischen Floskel verbarg sich die Absicht der russischen Regierung, anderen Ländern (Deutschland und Österreich) einen Teil ihres Territoriums abzunehmen, indem sie einfach Linien auf einer Landkarte einzeichnete und ihre militärische und zivile Gerichtsbarkeit auf die in den betreffenden Gebieten ansässige Bevölkerung ausdehnte. Der für dieses Vorgehen übliche Ausdruck stammte aus den Zeiten Friedrichs des Großen und lautete „Corriger la figure", was ungefähr „das Bild korrigieren" bedeutete und somit hieß: „Laßt die Linien auf der Karte besser aussehen."

Am 27. Februar 1917, unmittelbar nachdem Frankreich der russischen Regierung das Recht zuerkannt hatte, die Westgrenze ihres Landes auf Kosten Deutschlands und Österreichs auszudehnen, brach in Rußland eine Revolution aus, und drei Tage später dankte der Zar ab. Infolge dieser Umwälzungen hatte die kaiserliche Regierung niemals die Gelegenheit, im Westen Rußlands „das

Bild zu korrigieren" oder ihre „völlige Freiheit bei der Gestaltung ihrer Westgrenze" wahrzunehmen – im Gegenteil: Jetzt forderte die polnische Bevölkerung ihr Recht auf Selbstbestimmung und eine eigene, unabhängige Regierung ein.

Die sowjetrussische Regierung, im Westen als Bedrohung des westlichen Systems wahrgenommen, wurde nicht anerkannt, als die Zeit für neue Grenzen gekommen war; aber es wurde eine ganze Reihe von Republiken aus dem gemacht, was früher einmal Westrußland gewesen war, darunter Litauen, Estland, Lettland, Polen; Oberschlesien wurde zusammen mit Danzig und einem Teil Ostpreußens an Polen übergeben; die Tschechoslowakei wurde gegründet. Rumänien erhielt Siebenbürgen, und ihm wurde auch die Ausdehnung nach Osten gestattet, indem man ihm Bessarabien zugestand. Groß-Serbien wurde Jugoslawien, auf Kosten von Österreich. Österreich wurde ein sehr kleiner Staat.

Die Entente nahm Deutschland große Gebiete im Osten und kleinere Regionen im Westen ab.

Am 19. Dezember 1917 bestritt Mr. Arthur James Balfour[100] im Namen Großbritanniens die Kenntnis irgendwelcher russischer oder französischer Pläne, im Westen Deutschlands einen neuen Staat im Rheinland zu gründen, so daß es den Anschein macht, als hätten

[100] Arthur James Balfour (1848–1930), britischer Politiker. Von Juli 1902 bis Dezember 1905 britischer Premierminister. Leitete mit dem Abschluß einer Allianz mit Japan 1902 und mit der *Entente cordiale* mit Frankreich 1904 eine Abkehr von der traditionellen britischen Außenpolitik der Aufrechterhaltung des europäischen Mächtegleichgewichts ein.

die französischen und russischen Verschwörer ihre Absichten selbst vor ihren engsten Verbündeten verheimlicht.

Im Jahr 1905 hatte Wilhelm II. mit dem schwachen Zaren Nikolaus den deutsch-russischen Freundschaftsvertrag von Björkö abgeschlossen und Frankreich eingeladen, dem Abkommen beizutreten. Paris lehnte dieses Angebot jedoch ab und verhinderte durch seine Einflußnahme die Ratifizierung der Übereinkunft. Nikolaus II. war über die Vereinbarungen von 1892 im Bild gewesen, als er den Vertrag von Björkö unterschrieb.

Die Triple-Entente und ihre Kriegspläne

1906 waren die erwähnten vier russischen Diplomaten in Paris zusammengekommen und hatten den Plan zur Triple-Entente geschmiedet, worauf Rußland seine Differenzen mit Japan und Großbritannien rasch beilegte und Frankreich die seinigen mit Großbritannien. Ebenfalls im Jahr 1906 schloß Sir Edward Grey ein Abkommen mit Frankreich, dessen Inhalt er am 22. November 1912 in einem Brief an den französischen Botschafter in Paris, Cambon, wie folgt umriß:

> *„Mein lieber Botschafter: In den vergangenen Jahren haben sich die britischen und französischen Militärexperten für Fragen der Land- und Seekriegsführung von Zeit zu Zeit zu Konsultationen getroffen. Es war immer selbstverständlich, daß jede solche Konsultation die künftige Entscheidungs-*

freiheit beider Regierungen darüber, ob sie bewaffnete Unterstützung leisten wollen oder nicht, nicht berührt. Wir kamen darüber überein, daß keine Konsultation unter Experten als Verpflichtung der Regierungen verstanden werden kann, in einem Fall, der noch nicht eingetreten ist und vielleicht nie eintreten wird, auf bestimmte Weise zu handeln. Zum Beispiel beruht die derzeitige Stationierung der britischen und der französischen Flotte nicht auf der Absicht, im Kriegsfall zusammenzuarbeiten.

Sie haben jedenfalls angeregt, daß es für den Fall eines unprovozierten Angriffs durch eine dritte Macht für beide Regierungen günstig wäre, zu wissen, ob sie auf die Unterstützung der jeweils anderen zählen können. Ich stimme mit Ihnen darin überein, daß es für den Fall eines solchen unprovozierten Angriffs einer dritten Macht, oder bei einer anderen Bedrohung des allgemeinen Friedens, angebracht wäre, wenn sich beide Regierungen sofort darüber verständigen würden, ob sie gemeinsam etwas zur Wahrung des Friedens unternehmen wollen und was dafür gegebenenfalls zu tun wäre. Sollte diese Absprache zu Taten führen, würden die vorliegenden Pläne der Generalstäbe berücksichtigt werden, und beide Regierungen müßten entscheiden, in welchem Sinn dies geschehen würde."[101]

[101] Dieser letzte, wichtige Abschnitt wurde dem Parlament von Grey vorenthalten, obwohl er später im Weißbuch veröffentlicht wurde. (Neilson, *Diplomaten*, S. 303).

Cambon antwortete umgehend:

> *„Mein lieber Sir Edward: Sie haben mich in Ihrem gestrigen Brief vom 22. November daran erinnert, daß die Land- und Seekriegsexperten Frankreichs und Großbritanniens sich in den letzten Jahren von Zeit zu Zeit getroffen haben; daß diese Konsultationen natürlich niemals die Freiheit beider Regierungen beschränkt haben, darüber zu entscheiden, ob sie die jeweils andere mit bewaffneten Streitkräften unterstützen wollen; daß solche Konsultationen unter Experten nicht als Verpflichtung unserer Regierung verstanden werden dürfen, im Fall bestimmter Ereignisse auf bestimmte Weise zu handeln; daß ich die Ansicht vertreten habe, im Fall eines unprovozierten Angriffs durch eine dritte Macht wäre es für beide Regierungen günstig zu wissen, ob sie auf die Unterstützung der jeweils anderen zählen können.*
>
> *Ihr Brief greift diesen Punkt auf, und ich bin zu der Aussage bevollmächtigt, daß es für den Fall eines solchen unprovozierten Angriffs einer dritten Macht, oder bei einer sonstigen Bedrohung des allgemeinen Friedens, angebracht wäre, wenn sich beide Regierungen sofort darüber verständigen würden, ob sie gemeinsam etwas zur Wahrung des Friedens unternehmen wollen und was dafür gegebenenfalls zu tun wäre. Sollte diese Absprache zu Taten führen, würden die vorliegenden Pläne der Generalstäbe berücksichtigt werden, und beide Regierungen müßten entscheiden, in welchem Sinn dies geschehen würde. Ihr Paul Cambon"*

Militärabsprachen und Mobilisierung

Im Jahr 1914 gab Sir Edward Grey Kopien dieser beiden Briefe an den russischen Botschafter weiter, als Basis für ein Bündnis zwischen Großbritannien und Rußland, unter dessen Bedingungen dann Pläne für eine Zusammenarbeit der Seestreitkräfte Großbritanniens, Rußlands und Frankreichs ausgearbeitet wurden.

Nachdem die deutsche Regierung am 1. August 1914 um 17.00 Uhr, es war ein Samstagnachmittag, die Mobilmachung befohlen hatte, marschierten bereits am Morgen des 2. August einsatzbereite Regimenter durch London, voll für den Krieg ausgerüstet. Französische Truppen drangen am Sonntag, dem 2. August, nach Deutschland ein. Zuvor, am Samstag, dem 1. August, war die deutsche Grenze an vier Stellen von russischen Patrouillen überschritten worden.

Aufgrund dieser russischen Aktion erklärte Deutschland dem Zarenreich am 1. August um 19.10 Uhr den Krieg; am 3. August erfolgte die deutsche Kriegserklärung an Frankreich, und am 4. August erklärte Großbritannien dem deutschen Kaiserreich den Krieg.

Die Beweise deuten darauf hin, daß es die russische Absicht war, ohne Kriegserklärung in Deutschland einzudringen und seine Mobilmachung hinter scheinbaren Friedensverhandlungen zu verbergen. Aus den am 30. September 1912 ergangenen Befehlen des Zaren für den Fall der Mobilmachung zitiert der deutsche Kanzler Theobald v. Bethmann Hollweg[102] die folgende Passage:

> *„Es ist der Wunsch des Kaisers, daß der Befehl zur Mobilmachung als gleichbedeutend mit der Kriegserklärung an Deutschland betrachtet wird."*

Mit anderen Worten: Die russische Mobilmachung lief faktisch auf eine Kriegserklärung hinaus. Russische Truppen fielen in Deutschland ein, ohne daß Rußland offiziell den Krieg erklärt hätte. Hollweg gibt anschließend wieder, wie die Befehle für die russischen Truppen an der deutschen Grenze lauteten:

> *„Sobald der Aufmarsch abgeschlossen ist, werden wir gegen die deutschen Truppen vorgehen und den Krieg auf deutsches Gebiet tragen."*

Das entsprach genau den Richtlinien des französisch-russischen Vertrags von 1892 und der Militärkonferenzen der Jahre 1911, 1912 und 1913.

Man wird sich erinnern, daß Artikel I des Geheimvertrags von 1892 vorsah, im Kriegsfall alle verfügbaren russischen Kräfte ins Feld zu führen, und daß die Generalstäbe bei den Militärkonferenzen ausdrücklich davon ausgingen, daß Deutschland im Gegenzug Frankreich auf dem Weg über Belgien angreifen werde; gestützt

---

[102] Theobald v. Bethmann Hollweg (1856–1921), deutscher Reichskanzler von 1909 bis 1917. Bemühte sich in den Jahren 1916/17 um einen Verständigungsfrieden.

Theobald v. Bethmann Hollweg *(siehe Fußnote S. 112)*

auf diese Erwägungen, waren die Urheber des Geheimvertrags fortgefahren:

> *„Die französische Armee wird ebenso rasch wie die deutsche aufmarschieren, ab dem zwölften Tag zum Angriff auf Deutschland bereit sein und auf dem linken Flügel von der britischen Armee unterstützt werden."*

Dies stimmt genau mit der allgemeinen Vorgabe überein, die zwischen Rußland, Großbritannien und Frankreich abgesprochen worden war:

> *„Es ist wichtig, daß Deutschland gleichzeitig von Ost und West angegriffen wird."*

Noch wichtiger ist allerdings die Präambel der französisch-russischen Generalstabssitzungen, die hier noch einmal wiederholt sei:

> *„Präambel*
> *Beide Generalstabschefs erklären übereinstimmend, daß der Begriff ‚Verteidigungskrieg' nicht in dem Sinn interpretiert werden darf, daß es sich um einen rein defensiv zu führenden Krieg handelt. Sie bekräftigen im Gegenteil die absolute Notwendigkeit einer entschlossenen und so gleichzeitig wie möglich auszuführenden Offensive der russischen und französischen Streitkräfte, wie in Artikel 3 des Vertrags vorgesehen, wo es heißt, daß ‚die Streitkräfte der beiden Vertragspartner ihre Aktionen mit größter Schnelligkeit durchführen werden'."*

Der Vertrag von 1892 sah vor:

> *„Für den Fall daß die Dreibundmächte, oder eine der dazu gehörenden Mächte (z.B. Österreich) mobilisieren sollten, werden Frankreich und Rußland beim ersten Anzeichen einer solchen Entwicklung, ohne daß weitere Übereinkünfte nötig wären, sämtliche Streitkräfte mobilisieren und so nah wie möglich an die Grenze heranführen. ... Diese Streitkräfte werden ihre Aktionen mit größter Schnelligkeit durchführen, so daß Deutschland zur gleichen Zeit im Osten und im Westen kämpfen muß."*

Als Österreich daher in Unkenntnis dieser geheimen Bestimmungen für einen lokalen Krieg gegen Serbien mobilisierte, waren Rußland und Frankreich insgeheim vertraglich gebunden, sofort alle Streitkräfte zu mobilisieren und Deutschland unverzüglich anzugreifen. Somit erfolgte am Tag der österreichischen Mobilmachung, dem 28. Juli 1914, eine De-facto-Kriegserklärung an Deutschland, da der Geheimvertrag von 1892 von Poincaré und Iswolski modifiziert worden war, um einen österreichisch-serbischen Krieg zum Vorwand für einen europäischen Großkrieg zu nehmen.

Die russische sowie die französische Mobilmachung müssen im Lichte des Vertrags von 1892 und der jährlichen Militärkonferenzen zwischen 1903 und 1913 gesehen werden.

Daß die österreichische Mobilmachung nur lokal und teilweise erfolgte und sich ausschließlich gegen Serbien richtete, machte für die russischen und französischen Verschwörer keinen Unterschied. Technisch gesehen war der Vertragsfall (*casus foederis*) gegeben, und sie wollten sich dies sogleich zunutze machen.

Die öffentliche russische Mobilmachung vom 30. Juli 1914 sollte unter den Bedingungen des Vertrags von 1892 den sofortigen Angriff auf Deutschland nach sich ziehen. Die Beweise hierfür sind erdrückend.

Das Fehlen eines deutschen Kriegsprogramms

Die deutschen Führer wurden in Amerika und überall sonst auf der Welt so dargestellt, als hätten sie den Krieg vom Zaun gebrochen. Es wurde behauptet, sie hätten sich vierzig Jahre lang auf diesen Krieg vorbereitet, auf den Tag angestoßen, an dem sie ihn beginnen würden. Ihre außergewöhnlichen intellektuellen Fähigkeiten sind allgemein bekannt, ihre Intelligenz bestreitet niemand, und es ist einfach unmöglich zu glauben, sie hätten die ganze Welt bekämpfen wollen, ohne sich zuvor durch solide Bündnisse abgesichert zu haben. Sie waren, ohne nennenswerte eigene Rohstoffe zu besitzen, eingekreist, zu Land wie zur See, und zwar von Gegnern, die zahlenmäßig kraß in der Überzahl waren; trotzdem werden sie angeklagt, den Krieg geplant zu haben – den Krieg mit Rußland, mit Frankreich, mit Belgien, mit Großbritannien, mit Serbien, mit Rumänien, mit Japan, und das, obwohl sie wußten, daß sie nicht einmal von Italien Unterstützung bekommen würden und Österreich, ihr einziger gewichtiger Verbündeter, durch die panslawistische Bewegung erschüttert und von innerer Auflösung bedroht war. Deutschland hatte alles zu verlieren und nichts zu gewinnen, denn es war unvorstellbar, daß 300 Millionen Menschen in Europa und weitere Hunderte von Millionen Menschen außerhalb Europas, kontrolliert von Großbritannien, Rußland, Frankreich und Japan, es zulassen würden, daß Deutschland die Welt beherrschte. Die Theorie, Deutschland hätte den Krieg gewollt, verstößt gegen den gesunden Menschenverstand, und es wären klare Beweise nötig, um aufzuzeigen, daß seine Regierung dumm genug war, diesen Krieg anzustreben.

Sir William Edward Goschen[103], im Jahr 1914 britischer Botschafter in Berlin, schrieb am 30. Juli 1914 an William Gustavus Nicholson[104], er sei fest überzeugt, daß die deutsche Regierung sowie die Führungsspitzen in Industrie und Handel entschieden gegen den Krieg seien. Professor Gooch, ein führender britischer Historiker, schreibt in seinem Buch *Germany*:

> *„Es ist kein Beweis ans Licht gekommen, der darauf hindeuten könnte, daß die deutsche Regierung oder das deutsche Volk einen Weltkrieg geplant oder gewollt haben."*

Der ehrenwerte John S. Ewart, ein namhafter kanadischer Jurist, stimmt Professor Gooch in seinem eigenen Buch *Roots and Causes of Wars* völlig zu. Professor Harry

---

[103] Sir William Edward Goschen (1847–1924), britischer Diplomat deutscher Abstammung. Fungierte von 1908 bis 1914 als britischer Botschafter in Berlin.

[104] William Gustavus Nicholson (1845–1918), britischer Feldmarschall und Generalstabschef.

William Goschen *(siehe Fußnote S. 117)*

Elmer Barnes stützt diese Auffassung in seinem Werk *The Genesis of the World War* mit überwältigenden Beweisen. Auch eine Reihe prominenter französischer Historiker stimmt hiermit grundsätzlich überein. Darunter sind etwa Pierre Renouvin[105] mit seinem Buch *The Immediate Origin of the War*, Mathias Morhardt, ein angesehener französischer Publizist, mit seinen Büchern *The Proofs* und *The Diplomatic Crime*, sowie Georges Demartial, der ausführt:

> *„Wir gelangen zur Überzeugung, daß wir die These einer geteilten Verantwortung noch weniger unterstützen können als die einer ausschließlich deutschen Verantwortung."*

Gustave Dupin kommt in seinem Buch *Lecture on the Responsibility of the War* zu einem ähnlichen Ergebnis.

Der frühere russische Außenminister Sasonow, der unmittelbar nach Iswolski von allen Verschwörern die größte Schuld am Kriegsausbruch trug, hat die Echtheit der von De Siebert in *Un Livre Noir* publizierten Berichte bestätigt, welche belegen, daß einige wenige russische, serbische und französische Führer den Krieg wollten und vom Zaun brachen.

Schließlich legt selbst Raymond Poincaré, der zusammen mit Iswolski und Sasonow den Krieg gewollt und die russische Mobilmachung, die diesen auslöste, aktiv gefördert hatte, in einem apologetischen Beitrag in *Foreign Affairs* vom Oktober 1925 folgendes Bekenntnis ab:

105 Pierre Renouvin (1893–1974), französischer Historiker und ab 1933 Professor an der Pariser Sorbonne.

> *„Ich behaupte nicht, daß Österreich oder Deutschland in der ersten Phase die bewußte Absicht hatten, einen allgemeinen Krieg zu provozieren. Es gibt keinerlei Dokumente, die uns zur Annahme berechtigen würden, sie hätten in dieser Richtung etwas systematisch geplant."*

Dieses Eingeständnis Poincarés ist jedoch nichts anderes als ein klarer Beweis für die totale Verlogenheit der Entente-Propaganda in den Vereinigten Staaten, die geltend machte, Deutschland hätte den Krieg jahrelang geplant und schließlich begonnen.

Die Welt ist freilich nicht auf die Bekenntnisse Sasonows und Poincarés angewiesen. Die offiziellen Beweise dafür, daß Deutschland den Krieg nicht wollte, sind überwältigend; hieb- und stichfest nachgewiesen ist ebenfalls, daß auch die Österreicher nichts von einem großen Krieg wissen wollten und bloß einige wenige Politiker in Serbien und Rußland sowie sehr wenige in Frankreich – denen allerdings die Leitung der außenpolitischen Angelegenheiten oblag – auf einen solchen erpicht waren. Die Beweiskette ist lückenlos.

Das Fehlen von Beweisen gegen Deutschland, dem eine Vielzahl von Belegen dafür gegenübersteht, daß Deutschland versuchte, den Weltkrieg zu vermeiden, stimmt vollkommen mit der dem gesunden Menschenverstand entspringenden Erkenntnis überein, daß ein Krieg den deutschen Interessen in jeder Hinsicht zuwiderlief.

Es lohnt sich in höchstem Grad, die Kriegsvorbereitungen der Entente mit denjenigen Österreichs sowie Deutschlands zu vergleichen. General Helmuth von

Moltke[106] hielt 1912 in einem zusammenfassenden Bericht fest, Deutschland müsse im Kriegsfall gegenüber Frankreich mit einer leichten Unterlegenheit bei der Infanterie rechnen, während es bei der Artillerie leicht überlegen sei; allerdings müsse es darauf gefaßt sein, daß ihm Rußland dann in den Rücken fallen werde. Er fuhr fort:

> *„Im Hinblick auf die enormen Summen, die Rußland für die Reorganisation seiner Armee ausgibt, wird diese wohl Jahr für Jahr stärker werden. Es ist für Deutschland ebenso wenig möglich, mit Rußland als Landmacht zu konkurrieren, wie es mit England als Seemacht konkurrieren kann."*

In Kapitel 10 von *Let France Explain* führt Bausman aus, daß die Entente-Verbündeten – Rußland, Frankreich und England – im Jahre 1914 insgesamt umgerechnet 1.337.259.735 Dollar für militärische Zwecke ausgaben, während Deutschland und Österreich zusammen 420.133.850 Dollar aufwendeten. Damit investierten die Entente-Verbündeten etwa 917.000.000 Dollar mehr in die Rüstung als Deutschland, und dies schließt Belgien, Italien, Japan oder die Balkanstaaten noch gar nicht ein.

Die Zahl der sofort verfügbaren Soldaten betrug allein in Rußland und Frankreich zusammen über 3.500.000, ohne die Verbündeten mitzurechnen. Die Gesamtzahl in Deutschland und Österreich belief sich auf 1.176.741. Bei

[106] Helmuth Johannes Ludwig v. Moltke (1848–1916), auch *Moltke der Jüngere*. Von 1906 bis zum 14. September 1914 Chef des deutschen Generalstabs.

Helmuth v. Moltke *(siehe Fußnote S. 121)*

der französisch-russischen Konferenz im Jahr 1913 gab General Joffre an, 200.000 Mann mehr zur Verfügung zu haben, als vertraglich festgelegt sei, also über 1.500.000 Mann.

Natürlich kontrollierten Großbritannien, Frankreich und Rußland mit Hilfe der gigantischen britischen Flotte die See, und daher war Deutschland vom Handel mit dem Rest der Welt abgeschnitten; seine Handelsmarine und sein Welthandel wurden augenblicklich lahmgelegt, während die Entente-Verbündeten sich die Ressourcen der ganzen Welt nutzbar machen konnten.

Kanzler Hollweg urteilt:

> *„Die Idee, Deutschland hätte den Krieg aus bloßer Lust am Weltmachtstreben begonnen, ist derart töricht, daß ein Historiker sie nur unter völliger Verleugnung jeder anderen Erklärung ernstnehmen kann. … So eine Unterstellung gehört zu jener Art von Torheiten, die man sonst nur dem politischen Konkurrenten in der Hitze des Gefechts an den Kopf wirft."*

Hollweg fährt in gemäßigterem Tonfall fort:

> *„Der Streit darüber, welche Kriegspartei denn nun zuerst mit der allgemeinen Aufrüstung und der Perversion der Bündnispolitik begonnen hat, wird wahrscheinlich niemals enden. Überwältigendes Mißtrauen, imperialistische Ziele und ein Patriotismus, der nur die eigenen nationalen Ziele im Blick hat, sind so miteinander verwoben, daß man unmöglich sagen kann, welche Nation auf der Welt den größten Beitrag dazu geleistet hat."*

Rußland, schreibt Hollweg, habe seine Streitkräfte mobilisiert, weil es den Krieg gewollt habe. Es habe sich geweigert, die Mobilmachung abzubrechen, obwohl

- Wien bereit war, mit St. Petersburg direkt über die serbischen Angelegenheiten zu sprechen;
- Wien die Vermittlung Greys akzeptiert hatte;
- Wien Zusicherungen über die Integrität Serbiens abgegeben hatte;
- Wien sich bereit erklärt hatte, nur so viel serbisches Gebiet zeitweise zu besetzen, wie Großbritannien ihm zugestand;
- Österreich lediglich gegen Serbien mobilgemacht und in Deutschland überhaupt keine Mobilisierung stattgefunden hatte.

Hollweg folgert hieraus:

> *„Wir konnten daher, als am Morgen des 31. Juli die Telegramme mit den Nachrichten über die Mobilmachung eintrafen, nur annehmen, daß Rußland den Krieg auf jeden Fall wollte."*

Es scheint, als hätten weder Deutschland noch Österreich die Bestimmungen des Vertrags von 1892 gekannt, der Rußland und Frankreich im Fall einer österreichischen Mobilmachung zum Angriff auf Deutschland verpflichtete. Tatsächlich wußte die Bevölkerung Rußlands, Frankreichs, Belgiens und Großbritanniens ebenfalls nichts davon.

Die deutsche Führung glaubte, ihre Artillerie sei der französischen überlegen. Tatsächlich war die schwere Artillerie der Deutschen besser, aber die leichte französische

Feldkanone funktionierte mit Luftfederung, was die Schußgeschwindigkeit wesentlich erhöhte, denn es war nicht nötig, sie jedesmal neu auszurichten – das war von größter Wichtigkeit beim Halten einer Stellung. Diese hervorragende Kanone war den deutschen Geschützen an Feuergeschwindigkeit und Treffsicherheit weit überlegen.

Die russischen Vorbereitungen auf diesen Krieg waren gigantisch; wie sie beispielsweise bezüglich der Eisenbahnlinien aussahen, zeigt Bernhard v. Eggeling[107] in seiner Studie *The Russian Mobilization and the Outbreak of the War* detailliert auf. General Hermann von Kuhl[108] gibt die Zahl der russischen Soldaten mit 2.292.000 an. Die Friedensstärke im Sommer 1914 betrug 1.581.000 Offiziere und Mannschaften. Die Kriegsstärke belief sich auf 3.461.750 Mann. Die vorliegenden Daten vermitteln Aufschluß darüber, daß Großherzog Nikolaus im Jahre 1912 auf den Krieg drängte. Suchomlinow, der Generalstabschef, sprach sich wegen der fehlenden Kriegsbereitschaft dagegen aus. Im Frühjahr 1914 billigte die russische Duma Verstärkungen in Höhe der gesamten Friedensstärke von Österreich-Ungarn. Ständig wurden Mobilisierungsübungen durchgeführt, Material wurde importiert, die

[107] Bernhard Friedrich Otto v. Eggeling (1872–1949), deutscher Offizier und ab 1912 Militärattaché an der deutschen Botschaft in Sankt Petersburg. In seiner 1919 erschienenen Broschüre *Die russische Mobilmachung und der Kriegsausbruch* beschrieb er detailliert den Besuch des französischen Staatspräsidenten Raymond Poincaré in Petersburg sowie die russische Mobilmachung am Vorabend des Krieges.

[108] Hermann Josef v. Kuhl (1856–1958), preußischer General der Infanterie und Militärhistoriker.

Kohlereserven wurden erhöht, die Vorräte ergänzt und der Export von Getreide ins Ausland gestoppt. Im Herbst 1913 begab sich General Joffe als Leiter einer Militärmission nach St. Petersburg und stellte anschließend fest:

> *„Die russische Armee ist momentan die stärkste der Welt."*

Der deutsche Generalstab ging davon aus, daß die russischen Truppen der Vorhut am fünften Tag der Mobilmachung bereit sein würden und die zweite Linie am achten Tag. Die deutsche Führung wagte es dann nicht, länger zu warten.

Der für die Mobilisierung zuständige General Dobrowolski gab die Zahl der Soldaten, die im Rahmen einer Generalmobilmachung eingezogen werden konnten, schließlich mit 14.000.000 an.

Es ist daher nicht überraschend, wenn Wilhelm II., als er am 29. Juli vom Zaren über die ersten Schritte zur russischen Mobilisierung ins Bild gesetzt wurde, deren Einstellung verlangte, da er sonst selbst zu einem entsprechenden Schritt gezwungen sei. Er bat den Zaren, die Mobilmachung zu beenden, und wies ihn darauf hin, daß er für den Krieg verantwortlich sein werde, wenn dieser Bedrohung Deutschlands nicht Einhalt geboten werde. Unmittelbar danach erneuerte der Zar den Mobilmachungsbefehl.

Poincarés Anerkennung der Tatsache, daß Deutschland Frankreich zahlreiche Angebote zu einem Ausgleich unterbreitet hatte, der den europäischen Frieden wahren sollte, fällt schwer ins Gewicht. Die kaltblütige Ablehnung dieser Vorschläge durch die französischen Politiker zeigt, daß der Quai d'Orsay seine Politik an den Bestimmungen des Vertrags von 1892 sowie des militärischen Abkommens mit Rußland ausrichtete und somit zum Krieg entschlossen war.

Selbst Iswolski anerkennt in seinen Memoiren die großen persönlichen Anstrengungen, die Wilhelm II. im Jahr 1905 unternommen hatte, um zwischen Rußland, Deutschland und Frankreich mit dem Defensiv-Vertrag von Björkö einen dauerhaften Frieden zu erreichen Artikel 4 dieses Abkommens hatte festgelegt:

> *„Sobald dieser Vertrag in Kraft tritt, wird Rußland die notwendigen Schritte unternehmen, um Frankreich über seine Entscheidungen in Kenntnis zu setzen und es zum Beitritt einzuladen."*

Die verantwortlichen Staatsmänner im französischen Außenministerium lehnten einen solchen Schritt nicht nur ab, sondern verlangten die Kündigung dieses Abkommens zwischen Rußland und Deutschland, das natürlich im Widerspruch zu der Übereinkunft zwischen Frankreich und Rußland stand, Deutschland bei günstiger Gelegenheit anzugreifen – und wie die französischen und die russischen Staatsmänner wußten, würde sich eine solche günstige Gelegenheit bei einer Mobilmachung Österreichs bieten. Es erübrigt sich hier, noch weiter auf die Friedensbemühungen der deutschen Regierung einzugehen, denn die französische und die russische Führung drängten ebenso energisch auf den Krieg, wie die deutsche ihn zu verhüten suchte. Wozu braucht es eigentlich Belege für den Friedenswillen Deutschlands, wenn doch eine Fülle überwältigender Beweise für den Kriegswillen der Entente vorliegt und hochrangige Vertreter jener Länder, die gegen Deutschland gekämpft haben, diese Tatsache mit ihren Zeugenaussagen erhärten?

Die Geheimberichte des russischen Außenministeriums

Unzählige Berichte, die zwischen dem russischen Außenministerium und den russischen Botschaftern in Paris und London, Iswolski und Benckendorff, kursierten, entlarven das Ziel der russischen Führung, einen allgemeinen europäischen Krieg anzuzetteln, um unter anderem die Dardanellen unter Kontrolle zu bringen. Diese Berichte zeigen, wie die für die russische Außenpolitik Verantwortlichen allerlei Intrigen schmiedeten, um Großbritannien in diesen Krieg hineinzuziehen und gleichzeitig darüber in Unkenntnis zu lassen, daß die Verantwortung für den Konflikt bei Rußland lag; stattdessen sollte der britischen sowie der französischen Öffentlichkeit weisgemacht werden, der Weltkrieg sei die Folge einer deutschen Aggression. Am 29. Januar 1913 stellte Iswolski dem Außenministerium unmittelbar nach Poincarés Wahl zum französischen Präsidenten ein Telegramm folgenden Inhalts zu:

> *„Ich hatte gerade eine lange Unterredung mit Poincaré, der mir auseinandergesetzt hat, daß er als Präsident der Republik direkten Einfluß auf die Außenpolitik ausüben kann. … Nach seiner Ansicht ist es für die französische Regierung von größter Wichtig-*

keit, die öffentliche Meinung auf die Akzeptanz eines Krieges einzustimmen, der über die Balkanfragen ausbrechen wird."

Am 30. Januar 1913 ergänzte Iswolski:

„Die Energie, die Entscheidungsfreudigkeit und überhaupt der ganze Charakter Herrn Poincarés sind die Garantie dafür, daß er sich in der Ausübung seines Amtes als Präsident nicht – wie zum Beispiel Herr Fallières[109] *– auf eine rein passive oder repräsentative Rolle beschränken wird, sondern daß er in allen Fragen und zu jeder Zeit aktiv die französische Außenpolitik beeinflussen wird. … Aus diesem Grund können wir in den nächsten sieben Jahren völlig sicher sein, daß Personen wie Caillaux, Jean Cruppi*[110]*, Ernest Monis*[111] *usw., nicht an die Spitze der französischen Regierung oder der Außenpolitik aufrücken werden. … Herr Poincaré kommt jeden Tag ins Ministerium, und Herr Jonnart*[112] *gibt keine*

[109] Clément Armand Fallières (1841–1931), von 1906 bis 1913 französischer Staatspräsident der Dritten Republik. In diesem Amt um die Festigung der *Triple Entente* mit England und Rußland bemüht.

[110] Jean Cruppi (1855–1933), mehrfacher Minister, 1911 auch kurzzeitig Außenminister.

[111] Ernest Monis (1846–1929), 1911 kurzzeitig Premierminister.

[112] Charles Célestin Auguste Jonnart (1857–1927), französischer Politiker und Diplomat. Während des Ersten Weltkriegs wurde Jonnart als Gesandter der Entente-Mächte mit militärischen Vollmachten nach Griechenland geschickt, um die Abdankung des griechischen Königs Konstantin I. voranzutreiben.

Clément Armand Falliéres *(siehe Fußnote S. 129)*

Antwort und keine Äußerung von sich, ohne daß er [Poincaré; Owen] *von ihr wüßte und sie gebilligt hätte. Die französische Regierung wird ihre Verpflichtungen als unser Verbündeter entschlossen erfüllen, und sie tut dies mit der notwendigen Kaltblütigkeit und in der vollen Erkenntnis, daß das letztendliche Ergebnis der jetzigen Komplikationen nur in einem allgemeinen Krieg bestehen kann. Der Augenblick, in dem Frankreich das Schwert ziehen wird, wird durch die französisch-russische Militärkonvention exakt bestimmt; hieran läßt die französische Regierung nicht den leisesten Zweifel und das geringste Zögern erkennen. Auch wünscht die französische Regierung Rußland nicht in seiner Freiheit zu beschränken, oder die besonderen moralischen Verpflichtungen in Zweifel zu ziehen, die es gegenüber den Balkanstaaten hat. Daher kann Rußland nicht nur in jenen Fällen auf französischen bewaffneten Beistand zählen, die in dem Abkommen vorgesehen sind, sondern auf energische diplomatische Hilfe bei all seinen Unternehmungen zugunsten der genannten Staaten."*

Dieser offizielle Bericht überführt die russischen und französischen Führer. Der ursprüngliche Vertrag über den Angriff auf Deutschland wurde von den Verschwörern Stück für Stück umgesetzt.

Poincaré unternahm 1921 den Versuch, sich in einem eigenen Buch mit dem Titel *Les Origines de la Guerre* zu verteidigen, dessen Kapitel XIV von *Let France Explain* analysiert wird. Er verschweigt die russische Mobilmachung vollständig und widerspricht auch nicht den

Anklagen des belgischen Ministers, er sei für den Krieg unmittelbar verantwortlich. Er verschweigt ferner die Fälschungen des russischen „Orangen-Buchs“ und des französischen Gelbbuchs, gesteht jedoch immerhin ein,

- daß der Kaiser wiederholt versucht hat, mit Frankreich zu einem guten Einvernehmen zu kommen (S. 25);
- daß Delcassé eine (von ihm falsch wiedergegebene) Revision des französisch-russischen Vertrags bewirkt hat (S. 56);
- daß Frankreich stets die Wiedergewinnung der verlorenen Provinzen angestrebt hat (S. 25);
- daß der französisch-russische Vertrag von 1892 vor dem Krieg niemals veröffentlicht wurde und daß Vivian ihn gegenüber dem Parlament verheimlicht hat, obwohl er eine Kopie in der Tasche hatte;
- daß der pazifistische [französische Botschafter] Georges Louis[113] aus St. Petersburg abberufen wurde, weil die Russen einen Mann wünschten, der einen schärferen Ton anschlug.

Eine Zusammenfassung von Poincarés Verteidigung findet man auch in *Living Age* (Ausgabe vom 26. August 1922, S. 503). Dort heißt es, Sasonow, der den Krieg angezettelt hat, sei ein „Pazifist“ gewesen. Dabei war er ganz im Gegenteil ebenso wie Iswolski ein panslawistischer und griechisch-orthodoxer Fanatiker, der den europäischen Krieg bewußt plante und dabei sehr darauf achtete, sich als Unschuldslamm zu gebärden. Es gehörte zur Kriegsstrategie, die Schuld Deutschland zuzuweisen.

[113] Georges Louis (1847–1917), französischer Botschafter in St. Petersburg von 1909 bis 1913.

„Der Gedanke an die Zerschlagung Serbiens beherrschte die gesamte Politik Deutschlands und Österreichs", schreibt Poincaré, und er tut wie Sasonow so, als sei er darüber sehr besorgt gewesen. Dabei war dies nur der Vorwand für den gewünschten Krieg. Des weiteren berichtet er, als er und Viviani am 29. Juli 1914 nach Paris zurückkehrten, seien sie *„von einer aufgeschreckten und verwirrten Nation"* empfangen worden, *„die weit davon entfernt war, den Krieg zu wollen, sondern einzig und allein an die Sicherheit Frankreichs dachte und bereit war, für die Verteidigung des Vaterlands große Opfer zu bringen"*. So dachten in der Tat die meisten Franzosen, aber Poincaré war auf Aggression und nicht auf Verteidigung aus.

In der Nacht jenes 29. Juli trafen sich Poincaré, Viviani und der Kriegsminister und stellten die Weichen endgültig auf Krieg. Zwei Nächte später, am 31. Juli, erklärte der französische Kriegsminister dem Militärattaché der russischen Botschaft *„mit enthusiastischer Aufrichtigkeit"*, die französische Regierung sei *„fest entschlossen, Krieg zu führen"*, und fragte bei der Botschaft an, ob sie die Hoffnungen des französischen Generalstabs noch einmal bestätigen könne, daß sämtliche russischen Anstrengungen gegen Deutschland gerichtet sein würden.

Poincaré gibt an, am 31. Juli mit Zustimmung der Regierung einen Brief an König Georg geschrieben zu haben, wonach Frankreich alles in seiner Macht Stehende tun werde, um den Frieden zu bewahren. Dieser Brief an den britischen Monarchen widerspricht diametral dem Telegramm 216[114]; er steht in schroffem Wider-

[114] Telegramm an die russische Regierung, man sei zum Krieg entschlossen.

spruch zu dem Geheimabkommen von 1892 mit seiner Verabredung, Deutschland anzugreifen, und den Geheimkonferenzen des russischen und des französischen Generalstabs in den Jahren 1911, 1912 und 1913 (deren Inhalt Poincaré gebilligt hatte); damals hatte man sich darauf geeinigt, gegen Deutschland loszuschlagen, wenn Österreich mobilisieren sollte. Aber Poincarés heuchlerischer Brief war sehr nützlich, um die britische öffentliche Meinung von der Friedfertigkeit der französischen Regierung und dem Kriegswillen der deutschen Regierung zu überzeugen. Der Brief an den König war eine Kriegslist.

Herbert Henry Asquith[115] veranlaßte am Samstag, dem 1. August, um zwei Uhr nachts, daß König Georg dem Zaren ein Telegramm zustellte, in dem er eindringlich zum Frieden aufrief. (Vgl. Seite 1 der *New York Times* vom 2. August 1914.) Asquith und der König wußten genau, an wen sie da appellierten. Es war der Zar, der Verantwortliche für den Krieg, an den König Georg seinen Aufruf richtete, und nicht der deutsche Kaiser. Diese Tatsache ist von großer Bedeutung.

Als König Georg den Zaren zum Frieden mahnte, hatten sich die russische sowie die französische Regierung längst für den Krieg entschieden, und Großbritannien war seit geraumer Zeit bereit, ihnen zu folgen. Die scheinbar großherzige und in bester Absicht erfolgte Geste des Monarchen trug dazu bei, der Öffentlichkeit weiszumachen, Großbritannien habe keinen Krieg gewollt,

[115] Herbert Henry Asquith (1852–1928), britischer Politiker der Liberalen Partei. Von 1908 bis 1916 britischer Premierminister.

Herbert Henry Asquith (siehe Fußnote S. 134)

sondern im Gegenteil versucht, ihn zu verhindern. Natürlich war der Krieg damals bereits beschlossene Sache, und Grey, Poincaré sowie Sasonow wußten das sehr gut.

Poincaré drängte darauf, daß Grey jetzt die Entente zwischen England, Frankreich und Rußland ausrief, angeblich als Druckmittel, um Deutschland von einer Kriegserklärung abzuhalten. Grey reagierte mit Widerwillen auf diese Forderung, weil die Öffentlichkeit ihm das zu diesem Zeitpunkt hätte übelnehmen können; schließlich wußte sie nichts von seinen Abmachungen mit Frankreich und noch weniger von denen mit Rußland. Greys Verpflichtungen gegenüber Frankreich waren von ihm und seinen Kollegen wiederholt abgestritten worden.

Grey hatte aufgrund der eingegangenen Verpflichtungen gar keine andere Wahl, als Frankreich im Kriegsfall (unter welchen Umständen dieser auch eintreten mochte) seine Rückendeckung zu verleihen, und darüber hinaus war er der festen Überzeugung, dies liege in britischem Interesse.

In der Nacht des 29. Juli kabelte der britische Botschafter in Berlin an Sir Edward Grey, der deutsche Kanzler habe ihm, dem Botschafter, gesagt, soweit er die Grundprinzipien der britischen Politik verstanden habe, würde Britannien niemals tatenlos zusehen, wenn Frankreich in einem Krieg zerschlagen werde. Damit ist klar, daß die deutsche Regierung im Kriegsfall mit britischer Hilfe für Frankreich rechnete. Die Tatsache, daß die Russen über die britische Unterstützung für Frankreich Bescheid wußten, liefert eine Erklärung für das Vorgehen der russischen und der französischen Kriegspartei und erklärt zugleich, warum die Deutschen alles taten, um den Krieg zu vermeiden.

Darüber hinaus sagte Sir Edward Grey dem französischen Botschafter Cambon noch am selben Tag, er habe dem deutschen Botschafter gegenüber deutlich gemacht, daß Großbritannien im Kriegsfall nicht abseits stehen werde. Somit waren sich die Deutschen ebenso wie die Franzosen über die englische Haltung im klaren. Als Deutschland in den Krieg eintrat, stand es einer überwältigenden Übermacht gegenüber.

Freitag den 31. Juli kabelte der britische Botschafter in Berlin, Sir Edward Goschen, an Grey, der deutsche Kanzler habe ihn wissen lassen, er habe Wien gegenüber alles in seiner Macht Stehende getan und könne sein Land nicht länger ohne Verteidigung dastehen lassen, zumal die anderen Mächte die Zeit genutzt hätten, um sich vorzubereiten. Soweit er wisse, leite jetzt auch Rußland militärische Maßnahmen gegen Deutschland in die Wege, und ihm bleibe keine andere Wahl mehr, als zu handeln.

Sir Edward Grey teilte dem britischen Botschafter in St. Petersburg nun mit, er sehe keine Möglichkeit, Rußland von seinen militärischen Vorbereitungen abzubringen, solange dem Einmarsch österreichischer Truppen in Serbien nicht Einhalt geboten werde.

Mit anderen Worten: Er übte keinen mäßigenden Einfluß auf St. Petersburg aus; er billigte vielmehr die dortigen militärischen Vorbereitungen, obschon er wußte, daß Österreich Rußland nicht bedrohte und keine Absicht hatte, serbisches Gebiet zu erobern oder Serbiens Souveränität anzutasten.

All diese Geschehnisse werden von Neilson, einem früheren Mitglied des britischen Parlaments, im zwölften Kapitel von *Wie Diplomaten Krieg machen* unter der Überschrift „Ein Schachspiel" ausführlich geschildert.

Oberst House, der in den Jahren 1913 und 1914 Erkundigungen über die Wahrscheinlichkeit eines europäischen Krieges eingezogen hatte, unternahm einen energischen Versuch, eine friedliche Übereinkunft zwischen Großbritannien, Frankreich und Deutschland zustande zu bringen. Als Vertrauensmann des US-Präsidenten stand er in engem Kontakt mit der britischen sowie der französischen Regierung. Er begab sich nach London und Paris, nötigte den britischen und französischen Führern deren Zustimmung zu seinen Vorschlägen ab und fuhr dann weiter nach Berlin, wo seine Anregungen auf fruchtbaren Boden fielen. Allerdings machte er mit seinen Bemühungen, den Krieg zu verhindern, bei den Franzosen und den Briten keine wirklichen Fortschritte. Am 29. Mai 1914 stellte er dem Präsidenten der Vereinigten Staaten aus Europa eine Botschaft mit den folgenden, prophetischen Worten zu:

> *„Wann immer England zustimmt, werden Frankreich und Rußland gegen Deutschland vorgehen."*

Innerhalb von fünfundsiebzig Tagen hatte England den Franzosen und Russen ihre Zustimmung erteilt, und Deutschland hatte selbst den Krieg erklärt, nachdem Rußland und Frankreich die von House erwarteten konkreten Schritte zum Angriff auf Deutschland und Österreich in die Wege geleitet hatten.

Aber das fast völlig isolierte Deutschland wurde augenblicklich in einer weltweiten Kampagne beschuldigt, allein am Krieg schuld zu sein. Diese Lüge fand fast überall Gehör und wurde ein Eckstein des Versailler Vertrags (Artikel 231). Auf einer dermaßen brüchigen Grundlage kann kein dauerhafter Frieden zwischen den europäischen Völkern errichtet werden.

Ohne jeden Zweifel waren die meisten der europäischen Politiker von einem Patriotismus beseelt, der die Form eines ausgeprägten Nationalismus angenommen hatte und im wesentlichen nur in militärstrategischen Kategorien dachte.

Es ist zwecklos, einzelnen Personen in den Außenministerien in St. Petersburg, Paris oder London Vorwürfe zu machen. Diese Männer hatten ihre Schulung in einer Atmosphäre der Geheimdiplomatie erhalten, in der ihnen eingehämmert worden war, Macht sei das Alpha und Omega jeder Politik, und um sich möglichst breite Unterstützung durch das eigene Volk zu sichern, sei es durchaus zulässig, die Presse zu bestechen und die öffentliche Meinung zu manipulieren.

Auf Schritt und Schritt konnte man das tiefe Mißtrauen beobachten, mit dem sich die Führer der verschiedenen Staaten gegenseitig begegneten. Leitstern der Außenministerien war der stete Wunsch nach der Herrschaft über immer mehr Menschen und Territorien. Die ganze Außenpolitik der betreffenden Länder bestand darin, miteinander zu handeln, „Kompensationen" zu erteilen und zu erhalten. Ihr primärer Beweggrund war ein kommerzialisierter Imperialismus.

Ein besonders schlagender Beweis dafür, daß das russische Außenministerium gezielt auf einen Krieg hinarbeitete, ist die umfassende Fälschung des russischen Orangebuchs. Von den sechzig darin abgedruckten Berichten wurden nicht weniger als fünfzig verfälscht, indem Passagen gestrichen wurden, aus denen der russische und der französische Kriegswille hervorging oder denen zu entnehmen war, daß die Deutschen und die Österreicher gegen den Krieg eingestellt waren. Stellt man den ursprünglichen Wortlaut der Berichte wieder her, so belegen sie, daß die Deutschen sowie die Österreicher keinen großen Krieg wollten, die russischen und französischen Machthaber jedoch sehr wohl.

Die europäische Presse

Die Presse Rußlands, Deutschlands, Frankreichs und Serbiens wurde im Jahr 1914 im wesentlichen durch Geldzahlungen kontrolliert. Die Zeitungen wurden nicht, wie in Amerika, wirtschaftlich von Anzeigen getragen. Sie hingen weitgehend von Regierungen, einzelnen Politikern und von Handels- und Finanzinteressen ab.

Durch diese Interessenvertreter wurde den Völkern Deutschlands, Frankreichs und Rußlands eingetrichtert, sie hätten sich gegenseitig zu hassen. Der Tod des österreichischen Kronprinzen wurde von Seiten der österreichischen Regierung der serbischen Pressepropaganda zugeschrieben, die von der russischen Regierung mit Billigung der serbischen Regierung durch den russischen Botschafter in Belgrad finanziert worden sei. Das Schwarzbuch, das einen Einblick in die Geheimarchive des russischen Außenministeriums vermittelt, veranschaulicht anhand zahlreicher Beispiele die Art und Weise, wie die russische Regierung die Presse finanziert und gelenkt hat.

Hierzu ein Beispiel. Im zweiten Band des Schwarzbuchs wird auf S. 208 ein Telegramm von Botschafter Iswolski wiedergegeben, der sich über die Pariser Presse folgendermaßen äußert:

> *„Die Zeitungen, die uns verpflichtet sind, wie etwa Le Matin, warten auf Anweisungen von mir, und wenn wir ihnen diese nicht erteilen, könnten sie möglicherweise einen falschen Standpunkt zum Ausdruck bringen."*

Auf Seite 213 derselben Quelle wird der Botschafter mit folgenden Worten zitiert:

> *„Im Rahmen meiner Anstrengungen, bei der Regierungspresse und in politischen Kreisen die für uns wünschenswerte Haltung zu bewirken, tue ich mein Möglichstes, um die Presse zu beeinflussen. Unter diesem Gesichtspunkt konnten dank der bisher eingeleiteten Maßnahmen beachtliche Erfolge erreicht werden. Wie Sie wissen, greife ich nicht direkt in die Verteilung der Gelder ein, aber jene Verteilung, an der französische Minister beteiligt sind, der Außenminister und der Finanzminister, scheint effizient zu sein und ihr Ziel zu erreichen. Ich selbst lege Wert darauf, die wichtigsten Pariser Presse-*

> *erzeugnisse wie* Le Temps, Le Journal de Débats *oder* L'Echo de Paris *täglich persönlich zu beeinflussen."*

Hunderttausende von Francs aus russischen Mitteln wurden der Presse monatlich durch Poincarés Mitarbeiter zugesteckt.

Die bisher zitierten Passagen haben bereits hinreichend klargemacht, wie willfährig die Presse auf diese Art von Beeinflussung reagierte, und gezeigt, daß die Zeitungen mächtige Instrumente darstellten, um das französische und das russische Volk in den Krieg zu treiben.

In Anbetracht dieser Fakten erkennt man unschwer, welch verheerende Folgen die Haltung der französischen Presse, die Deutschland und Österreich permanent an den Pranger stellte und zur Unterstützung Rußlands trommelte, im Juli 1914 für die deutsche Führung hatte. Man sollte sich an die Erklärung der *Nouvelle Revue* erinnern, Frankreich sei zum Krieg entschlossen, und an die Meldungen der St. Petersburger Presse, wonach Rußland sich für den Krieg entschieden habe und sowohl Rußland als auch Frankreich gut auf diesen Krieg vorbereitet seien.

Die Haltung der französischen Kriegspartei läßt sich treffend durch folgenden Auszug aus einem Artikel illustrieren, welcher in der einflußreichen Pariser Zeitschrift *Nouvelle Revue* erschienen war und im Juli 1912 anläßlich einer Debatte im US-Außenministerium von Buxton zitiert wurde:

> *„Wir wollen Krieg. Nach vierzig Jahren schwerbewaffneten Friedens können wir das sagen, ohne die seriösen Leser einer französischen Zeitschrift aus der*

Fassung zu bringen ... Frankreich ist bereit zu Kampf und Sieg, mehr als je zuvor in den letzten vierzig Jahren, und mehr, als dies in vier oder fünf Jahren der Fall sein wird, wenn man die unterschiedlichen Geburtsraten der verschiedenen Länder berücksichtigt. ... Wir, die Angreifer,[116] *haben bereits ausgemacht, daß die britische Flotte die Überreste der deutschen Flotte in die deutschen Gewässer schicken wird."*

Die Bestechung der französischen Presse

Am 16. März 1909 schrieb Iswolski in einem langen Brief an das russische Außenministerium:

„Die französische Regierung erkennt ihre Verpflichtungen uns gegenüber in vollem Ausmaß an und wird ihre Pflicht in dem Moment tun, in dem Rußlands nationale Ehre in Serbien gegen Österreich gefordert sein wird – aber wie wird das französische Volk das aufnehmen? Werden die Menschen es hinnehmen, daß der Frieden durch Serbien gefährdet wird und Aussicht auf einen Krieg mit Deutschland besteht?"

Mit anderen Worten: Das französische Außenministerium hatte Frankreich verpflichtet, mit Rußland gegen Deutschland zu kämpfen, nachdem infolge der russischen Versprechungen, Belgrad zur Hilfe zu eilen, ein lokaler

116 Hervorhebung im Original.

Konflikt zwischen Österreich und Serbien ausgebrochen war und sich am Horizont die Gefahr eines großen Krieges abzeichnete. Aber die Haltung des französischen Volkes war fraglich. Diese Frage wurde durch die Bestechung der französischen Presse beantwortet, die das Volk oder seine Anführer in den Glauben versetzte, sie hätten ein vitales Interesse an dem lokalen österreichisch-serbischen Konflikt.

Da die sozialistische und radikale Presse nichts von einem Krieg wegen balkanischer Angelegenheiten wissen wollte, unternahm Iswolski die nötigen Schritte, um die Presse unter Einsatz von russischem Geld zu beeinflussen, und dies tat er kontinuierlich, wie aus folgendem Telegramm vom 21. Juli 1912 hervorgeht:

> *„Streng vertraulich*
> *No. 348*
> *Lieber Sergej Dmitriewitsch,*
> *nach meinem Gespräch bin ich absolut überzeugt, daß Herr Poincaré mit uns völlig darin übereinstimmt, daß jetzt der Zeitpunkt gekommen ist, die jahrhundertealten Ziele unserer traditionellen Politik* [d. h. den Zugriff auf die Meerengen] *zu verwirklichen und gleichzeitig das europäische Gleichgewicht durch die Rückkehr der geraubten Provinzen Elsaß-Lothringen wiederherzustellen.*
> *Poincaré verheimlichte nicht die großen Schwierigkeiten, die wir immer noch zu überwinden haben. Den größten Ärger erwartete er von den radikalen Sozialisten, die gegen jeden Krieg aus Finanz- und Handelsgründen sind, ganz besonders, wenn er auf*

dem Balkan ausbricht. Diese Partei verfügt über hochintelligente Männer: Caillaux, Herriot, Painlevé[117] *und kontrolliert eine ansehnliche Zahl von Abgeordneten und Zeitungen.*

Was letztere betrifft, so haben manche davon nur wenige Leser – Le Radical, La Lanterne, Le Rappel, L'Action, L'Àurore, La Dépêche de Toulouse *–, verfügen aber über erheblichen Einfluß. Sie sind das Sprachrohr einiger prominenter Führer und genießen politische Unabhängigkeit. Jeder der Herausgeber wird von einer Gruppe von Senatoren und Herausgebern unterstützt, die mit ihm aufsteigen wollen und sich widerspruchslos unterordnen. … Herr Poincaré teilt meine Ansicht, daß wir für diesen Fall einen sehr großen Betrag aufwenden müssen. Ich wage ihn kaum zu nennen – drei Millionen Francs –, von denen allein 250.000 an* Le Radical *gehen, das Organ von Senator Perchot*[118]*. Wenn wir aber bedenken, daß die türkische Regierung fünf Millionen Francs ausgegeben hat, um die französische Presse zu beeinflussen, und einen ihrer prominentesten Autoren (Pierre Loti)*[119] *gekauft hat, und wenn wir außerdem die vergleichsweise geringe Bedeutung dieser Summe im Vergleich zum weltverändernden Plan bedenken, dessen Ausführung wir mit ihrer Verwendung näherkommen werden, dann können Sie es wagen, mit diesem Antrag an das Kabinett heranzutreten.*

---

[117] Paul Painlevé (1863–1933), französischer Politiker der reformsozialistischen Partei.

[118] Justin Perchot (1867–1946), französischer Senator der Dritten Republik.

[119] Pierre Loti (1850–1923), französischer Marineoffizier und Schriftsteller.

Ich schlage vor, die Summe in monatlichen Raten zu zahlen, um die Berichterstattung der Zeitungen regelmäßig zu überprüfen. Diesmal halte ich es für ratsam, dafür nicht Lenoir, sondern Laffon zu benutzen.[120] *Laffon besitzt beachtlichen Einfluß bei Le Matin, dessen Finanzchef er war, und ebenso bei den großen Tageszeitungen.*
Iswolski"

Die Echtheit dieser Meldung, die bereits in der Dokumentation *Hinter den Kulissen des französischen Journalismus* abgedruckt wurde, ist beim Prozeß, den *Le Matin* gegen *L'Humanité* angestrengt hat, vom früheren Premierminister Wladimir Kokowzow[121] eidesstattlich bestätigt worden.

[120] „Gustave Laffon (Mitarbeiter der Rothschilds) und Alphonse Lenoir (verbunden mit der Havas-Nachrichtenagentur) waren dem breiten Lesepublikum nicht bekannt, aber sie spielten in der Zeitungswelt eine wichtige Rolle. Lenoir war zum Beispiel nicht nur ein Finanzagent. In einem Polizeibericht heißt es über ihn: ‚Wenn ein Minister oder sogar ein ganzes Regierungskabinett die Hilfe von Zeitungsberichten in der einen oder anderen Frage brauchten, oder wenn das Publikum auf eine anstehende parlamentarische Entscheidung eingestimmt werden sollte, dann war es Lenoir, der die Zeitungen besuchte und entsprechende Zuwendungen verteilte. Wenn die Zeitungen kritische Berichte gegen wichtige Finanziers oder gegen bekannte Personen brachten, dann war es Lenoir, der oft damit beauftragt wurde, die Kampagne zu beenden, falls die Sache den Angegriffenen wirklich unangenehm war'." Vgl. Albert Pierre, *Histoire generale de la presse française*, Bd. 3 (1972), S. 265, hier zit. n. Theodore Zeldin, *A History of French Passions*, Oxford 1977, Bd. 2, Abschnitt „Newspapers and Corruption", S. 521 f.

[121] Wladimir Nikolajewitsch Kokowzow (1853–1943), russischer Politiker, Finanzminister und von 1906 bis 1914 sowie von 1911 bis 1914 Ministerpräsident.

Wladimir Kokowzow *(siehe Fußnote S. 146)*

Sazonow antwortete umgehend auf dieses Telegramm:

> *Als Reaktion auf das Schreiben Eurer Exzellenz (Nr. 348) habe ich Ihren Antrag und seine Begründung dem Kabinett vorgetragen, dem seine Majestät vorsaß. Mit großer Freude kann ich Ihnen mitteilen, daß die Anfrage des Präsidenten der Republik betreffs der Zahlungen, die von uns an die Presse geleistet werden sollen, nach anfänglichem verständlichen Zögern* [„quelques hésitations bien compréhensibles"], *von Seiner Majestät genehmigt wurde, unter der Bedingung, daß fortan Geheimrat Raffalowitsch*[122] *mit dem finanziellen Teil der Transaktionen betraut wird. Staatsrat Davidov*[123] *wird sofort nach Paris aufbrechen und hat weitreichende Instruktionen erhalten."*

Der Zar hatte diese Operation also persönlich genehmigt. Ihre Durchführung wurde Raffalowitsch übertragen, der am 30. November 1912 telegrafisch um zusätzliche Mittel ersuchte, die heimlich in Paris verteilt werden sollten. Es wurde eine ganze Reihe solcher Forderungen vorgebracht.

---

[122] Artur Raffalowitsch (1853–1921), jüdischer Kaufmann und Vorsitzender der russischen Handelskammer in Paris, Handelsattaché an der russischen Botschaft in Paris, Finanzbeauftragter Rußlands in London und zeitweise Berater des Staatsrats des kaiserlichen Rußlands.

[123] Alexei Davidov (1867–1940), Bankier, Leiter einer Spezialabteilung im Finanzministerium, seit 1913 Staatsrat.

Im Oktober 1912 ging beim russischen Außenminister folgendes Telegramm ein:

> *„Oktober 10-23, 1912*
> *Vor einiger Zeit teilte ich Ihnen und Kokowzeff mit, daß es absolut unumgänglich ist, weitere Mittel zur Beeinflussung der französischen Presse bereitzustellen. Da ich persönlich wenig Erfahrung in solchen Dingen besitze, habe ich Geheimrat Raffalowitsch konsultiert, der sich in solchen Fragen auskennt und folgendes vorschlug: Man solle sofort 300.000 Francs für solche Zwecke bereitstellen und deren Verteilung Lenoir anvertrauen, der schon früher solche Aufgaben erledigt hat. Es ist sehr wichtig, nichts ohne Rücksprache mit Poincaré zu unternehmen. Französische Staatsmänner sind in solchen Fragen erfahren und enorm geschickt.*
> *Iswolski"*

Sazonow antwortete am 17. Oktober und gab Abteilungsleiter Davidov grünes Licht. Dieser stellte Sazonow anschließend eine Depesche folgenden Inhalts zu:

> *„Zusammenfassung meiner Besprechung mit Poincaré und dem Botschafter. Weitere 300.000 Kredit für schnelle Presseintervention, sobald dies erforderlich ist. Das ist vernünftig, und ich werden Eurer Exzellenz berichten, wie sich die Dinge entwickeln."*

Das System wurde beibehalten. Am 7. November 1913 (um nur eines von vielen Beispielen zu erwähnen) vermeldete Raffalowitsch dem russischen Außenministerium folgende Zahlungen:

„La Lanterne ..... *Frs. 42.000 (Millerands Zeitung)*
L'Aurore .... *Frs. 17.000 (Clemenceaus*[124] *Zeitung)*
L'Evénement ..... *Frs. 11.000*
L'Action .... *Frs. 9.000*
La France .... *Frs. 11.000*
Le Rappel .... *Frs. 7.000*
Le Gil Blas .... *Frs. 2.000*
Le Journal .... *Frs. 1.000."*

Und am 19. November 1913 berichtete er über die folgenden Zuteilungen:

„La Lanterne ..... *Frs. 35.000 (Millerands Zeitung)*
L'Aurore .... *Frs. 45.000 (Clemenceaus Zeitung)*
Le Radical .... *Frs. 120.000*
Le Figaro .... *Frs. 25.000*
Le Temps .... *Frs. 50.000*
La Libre Parole ... *Frs. 80.000*
Le Gaulois .... *Frs. 25.000*
La Liberté .... *Frs. 30.000"*

Raffalowitsch sandte Iswolski eine Botschaft folgenden Inhalts:

---

[124] Georges Benjamin Clemenceau (1841–1929), französischer Journalist und Politiker. Von 1906 bis 1909 und von 1917 bis 1920 französischer Premierminister. Bei der Pariser Friedenskonferenz 1919 Verfechter einer harten Politik gegenüber Deutschland.

> *„Wie ich Eurer Exzellenz bereits berichtet habe, hat Lenoir auf Aufforderung von Klotz*[125]*, der Poincarés Sprachrohr ist, engen Kontakt zu den Zeitungen* L'Aurore, La Lanterne, Le Radical *und anderen gesucht, sowie mit den Herausgebern verschiedener anderer Zeitungen, die kleine Auflagen, aber großen Einfluß haben."*

Mit diesen Geldzahlungen an die französische Presse wurde das französische Volk von Spezialisten bearbeitet, damit es tatsächlich glaubte, es sei in französischem Interesse, Rußland bei der Verteidigung Serbiens zu unterstützen, um angeblich das „Gleichgewicht der Mächte" auf dem Balkan zu verteidigen, während russisches Geld in Serbien erst jene Intrigen geschürt hatte, die zur Ermordung etlicher österreichischer Beamter und schließlich des Erzherzogs führten, mit dem Ergebnis, daß Österreich zu seiner eigenen Verteidigung gegen Serbien mobilisierte. Dieser lokale Kriegsakt wurde dann als Vorwand für die russische Generalmobilmachung benutzt, die tatsächlich eine geheime Kriegserklärung Rußlands und Frankreichs an Deutschland war, was aus dem Vertrag von 1892–94, den Militärabsprachen und den bereits publizierten Geheimunterredungen hervorgeht.

Das Buch *Hinter den Kulissen des französischen Journalismus* deckt auf, wie die Presse von französischen

[125] Louis-Lucien Klotz (1868–1930), jüdischer französischer Journalist und Politiker. Er war mehrmals Finanzminister sowie Innenminister. Als Finanzminister trat er 1918/1919 bei den Verhandlungen über die Deutschland auferlegten Reparationen unter der Devise auf: „Le Boche paiera!" („Der Boche wird bezahlen!").

Georges Clemenceau
(siehe Fußnote S. 150)

Louis-Lucien Klotz
(siehe Fußnote S. 151)

Entscheidungsträgern zur Beeinflussung der Weltmeinung mittels lügenhafter Propaganda eingesetzt wurde, so wie zuvor die öffentliche Meinung in Paris, St. Petersburg und Serbien manipuliert worden war.

Drei Tage vor Kriegsausbruch wurde im französischen Parlament eine Resolution eingebracht und noch am gleichen Tag verabschiedet, die 25.000.000 Francs für ein „Haus der Presse" bewilligte. Dieses Haus der Presse war ein fünfstöckiges Gebäude mit zweihundert Räumen in der Rue François Nr. 3, wo Nachrichten über den Krieg verbreitet, Propaganda fabriziert und geschickt retouchierte Fotografien über deutsche Greuel hergestellt wurden, um die Verdorbenheit der Deutschen zu beweisen, wo also die üblichen Kriegslügen in Umlauf gebracht wurden. Es gab achtzig Angestellte, die all das – völlig kostenlos – an die ausländische Presse weiterleiteten; in achtzehn verschiedenen Sprachen der zivilisierten Welt kursierten dann Geschichten über französische Siege und die durch Zeichnungen und manipulierte Fotos „bewiesenen" Grausamkeiten der „Hunnen" und „Boches". Von hier aus wurden die grotesken Geschichten über die Deutschen verbreitet, die Kinderhände abhackten, Gefangene kreuzigten oder die eigenen Toten auskochten, um Fett zu gewinnen. Dies alles bestätigte Iswolskis Aussage über die „unglaubliche Geschicklichkeit" der französischen Meinungsmacher.

Die britische Lügenfabrik stand der französischen kaum nach. Die *Unity of Chicago* zitierte am 27. März 1927 die Ausführungen des britischen Unterhausabgeord-

Arthur Ponsonby *(siehe Fußnote S. 155)*

neten Arthur Ponsonby[126], der schilderte, wie in England Filme für den Gebrauch in Amerika hergestellt worden waren, die aus jedem Pazifisten einen Militaristen machen sollten. Das Ammenmärchen von den Deutschen, die ihre eigenen Toten zur Gewinnung von Fett und zur Herstellung von Glycerin kochten, war eine englische Erfindung. Die Lusitania-Medaillen, mit denen die Deutschen angeblich die Versenkung der Lusitania[127] feierten, waren eine englische Erdichtung. Die Bilder jubelnder Deutscher vor dem Kaiserpalast, die diese Versenkung der Lusitania feierten, waren eine englische Fälschung.

Unglücklicherweise wurden solche Kriegslügen von allen Parteien in Umlauf gesetzt. Es gab keinen, der an diesen Gemeinheiten unschuldig gewesen wäre.

126 Arthur Ponsonby (1871–1946), britischer Staatsbeamter, Politiker, Schriftsteller und Pazifist. Mitbegründer der *Union of Democratic Control* (UDC). Als Autor des Buches *Falsehood in Wartime* (*Lügen in Kriegszeiten*) beschrieb er die Methoden der Kriegspropaganda im Ersten Weltkrieg. Es enthält das bekannte Zitat: „When war is declared, truth is the first casualty". („Im Krieg ist die Wahrheit das erste Opfer.")

127 Der britische Passagierdampfer „Lusitania" war am 7. Mai 1915 vom deutschen U-Boot U 20 unweit der irischen Südwestküste versenkt worden. Das Schiff gehörte, obwohl unter US-amerikanischer Flagge fahrend, als bewaffneter Hilfskreuzer zur britischen Kriegsflotte und transportierte große Mengen Munition. Bei der Versenkung kamen 1.198 Passagiere um, unter ihnen 124 US-Amerikaner. Kriegswillige Kreise in den USA nutzten den Vorfall, um die amerikanische Öffentlichkeit gegen Deutschland einzunehmen. Nach zwei Jahren voller Untersuchungen, diplomatischer Noten und mit einem sich an Heftigkeit aufschaukelnden propagandistischen Schlagabtausch traten die USA schließlich in den Ersten Weltkrieg ein.

Robert Owen

Wie Rußland und Frankreich 1914 den Krieg erzwungen haben

Der Wille zum Krieg

Beim Versuch, zu ermitteln, bei welchen der Konfliktparteien der „Wille zum Krieg" am stärksten ausgeprägt war, ist es von kardinaler Bedeutung, den Briefwechsel zwischen hochgestellten Diplomaten der betreffenden Staaten sorgfältig zu studieren und seine Bedeutung unter Berücksichtigung seiner Formulierung und vor dem Hintergrund seiner Entstehung, aber auch der Geheimverträge und der Verhandlungen zwischen den Generalstäben Rußlands, Frankreichs und Großbritanniens zu ermessen.

Aus diesem Schriftwechsel wird klar, daß die russischen Imperialisten bei der praktischen Verwirklichung des Vertrags, den sie 1892 mit Frankreich abgeschlossen hatten, 22 Jahre lang eine Politik betrieben haben, die darauf abzielte, Deutschland anzugreifen, sobald die Zeit gekommen war und der Erfolg sicher schien. Sie haben Milliarden von Frankreich geliehen, um diesen Tag vorzubereiten. Sie haben ihre Kriegsmaschinerie bei geheimen militärischen Beratungen perfektioniert und mit modernsten Kommunikationsmitteln ausgestattet, mit Kurieren, Telegrammen, Telefonen und Funkausrüstung.

Es ist völlig klar, daß das Ziel der Verschwörung die Kontrolle über die Dardanellen sowie die Herrschaft über den Balkan, die Eroberung deutschen und österreichischem Territoriums und damit die Vorherrschaft der Romanow-Dynastie über Osteuropa war. Zugleich würde der Niedergang der Macht Deutschlands und Österreichs auch die russische Stellung in der Welt bedeutend stärken.

Die Art und Weise, wie diese Verschwörung durchgeführt wurde, ist nicht minder klar. Sie wurde durch eine Politik der Einkreisung Deutschlands erreicht, durch die Destabilisierung Österreichs mit Hilfe der panslawistischen Bewegung sowie die Köderung Italiens durch geheime Versprechen und sollte schließlich mit einem plötzlichen, überwältigenden Schlag gegen Deutschland enden. Deutschland wurde über diese Verschwörung völlig im Unklaren gelassen.

Zar Nikolaus lud Wilhelm II. vor diesem Hintergrund als Vermittler im Streit zwischen Rußland und Österreich ein, um die Aufmerksamkeit von der bereits laufenden russischen Mobilmachung abzulenken. Die Mobilisierung wurde beschleunigt, und der deutsche Kaiser blieb darüber in Unkenntnis, bis es zu spät war.

Die Vorschläge für eine internationale Konferenz zwischen Österreich, Serbien und Rußland waren lediglich eine Kriegslist, um die deutschen Führer in Sicherheit zu wiegen, bis der Schlag mit dem Vorschlaghammer plötzlich herabsausen konnte.

Nehmen wir zum Beispiel das Telegramm 210 vom 30. Juli 1914, in dem Iswolski, der russische Botschafter in Paris, seinem Außenminister Sasonow mitteilte, der französische Kriegsminister habe dem russischen Militärattaché folgendes nahegelegt:

Rußland solle verkünden, daß es seine Mobilisierung *„im höheren Interesse des Friedens"* abblasen werde, denn

> *„dies würde uns nicht davon abhalten, sie in Wirklichkeit zu beschleunigen, aber wir sollten von größeren Truppenbewegungen noch absehen".*

In der Nacht des 31. Juli 1914 wurde Nachricht Nr. 216 versandt, die belegte, daß sich die französische Regierung für den Krieg entschieden hatte, obwohl der französische Außenminister dem deutschen Botschafter vorher und noch danach versicherte, man arbeite an einer friedlichen Lösung. Schließlich verschickte Sasonow am 31. Juli noch Botschaften, in denen er beteuerte, man wolle eine friedliche Lösung, während er in Wahrheit unverdrossen auf den Krieg hinarbeitete.

In der Zwischenzeit hatten es sowohl Paris als auch London abgelehnt, irgendwelchen mäßigenden Einfluß auf St. Petersburg auszuüben. St. Petersburg teilte Paris und London seinerseits mit, daß man keinen mäßigenden Einfluß dulden würde, sofern Berlin nicht sein Äußerstes gebe, um Wien zur Zurückhaltung zu bewegen, und damit auch durchdringe. Die Russen hätten sich nicht geweigert, Aufrufe zur Mäßigung zur Kenntnis zu nehmen, wenn sie nicht schon gewußt hätten, daß man ihre Kompromißlosigkeit in Paris und London hinnehmen würde. Dies war Teil des Plans.

Am 1. August 1914 teilte Poincaré Iswolski in Telegramm 233 mit, in den letzten Tagen habe der österreichische Botschafter ihm und Viviani nachdrücklich versichert, Österreich habe Rußland gegenüber seine Bereitschaft erklärt, das serbische Territorium und die serbische Souveränität zu respektieren, aber Rußland habe diese Zusicherungen anscheinend verheimlicht.

Eine Demarche gleichen Inhalts unternahm Österreich auch in London, aber natürlich blieb sie ohne Erfolg, da die russischen Verschwörer nicht die Absicht hatten, Deutschland und Österreich einen Schlupfwinkel offen zu lassen. Sie waren entschlossen, jetzt den Krieg zu führen, auf den sie sich so lange und so gut vorbereitet hatten und den sie mit großen Hoffnungen auf Macht und Ruhm erwarteten.

24. Juli 1914

Die Geschehnisse des 24. Juli 1914 belegen klipp und klar, daß die Alliierten einen allgemeinen europäischen Krieg erwarteten und gezielte Schritte in dieser Richtung unternahmen, während Deutschland nicht mit einem solchen Krieg rechnete.

Am 24. Juli 1914 gab es kein Anzeichen dafür, daß die deutsche Regierung irgendwelche kriegerischen Maßnahmen in die Wege geleitet hätte.

Am 24. Juli 1914 wurden Serbiens Vorbereitungen für eine Antwort auf Österreichs Forderung nach Wiedergutmachung und Sicherheit von einer Mobilisierung seiner gesamten Streitkräfte begleitet, in geheimem Einvernehmen mit Rußland.

Am 24. Juli 1914 beschloß der russische Kronrat die Mobilisierung, und Januskewitsch, Generalstabschef unter Suchomlinow, gab dem zuständigen General Dobrolski den Befehl, die Mobilmachung von 1.100.000 russischen Soldaten in Gang zu setzen.

Das war eine geheime Kriegserklärung an Deutschland, entsprechend dem Geheimvertrag von 1892. Nach Dobrowolskis Angaben sollten alles in allem 14 Millionen Mann zu den Fahnen gerufen werden. Die offizielle Darstellung, es handle sich lediglich um eine Teilmobilmachung, war nichts weiter als ein Taschenspielertrick, mit dem Deutschland hinters Licht geführt werden sollte, bis es zu spät war. Suchomlinow traf sich am 25. Juli mit Baron Roman Rosen[128] zu einem Essen und rief dabei: *„Diesmal werden wir marschieren"*, als er die Nachricht von der serbischen Mobilmachung erhielt. Niemand wußte das besser als er, der Kriegsminister Rußlands. Dieses unfreiwillige Geständnis ist von größter Bedeutung.

Am 24. Juli erklärte Sasonow angesichts der Nachrichten vom österreichischen Ultimatum an Serbien: *„Das ist*

[128] Baron Roman Romanowitsch Rosen (1847–1921), deutsch-baltischer Adliger und kaiserlich-russischer Diplomat.

der europäische Krieg.“ Sasonow, der Außenminister, wußte, welcher Art die russische Politik war, als er der britischen und französischen Regierung erklärte, keine Vermittlung akzeptieren zu wollen – es war eine Kriegspolitik. Nichts in den Unterlagen weist darauf hin, daß er damals seinen Friedenswillen bekundet hätte.

Boghitschewitsch, der diplomatische Repräsentant Serbiens in Paris bis 1907 und dann in Berlin bis 1914, kommentierte Sasonows öffentliche Rechtfertigung, der Krieg sei seiner Meinung nach zu früh gekommen und zu einer Zeit, die er nicht für günstig gehalten habe, mit folgenden Worten:

> *„Die Unehrlichkeit dieses Ministers war vollkommen, aber seine betrügerischen Erklärungen hatten den Erfolg, ihn vor dem europäischen Krieg als Anhänger des Panslawismus dastehen zu lassen, was das Gegenteil dessen war, was er tatsächlich dachte, die verdammte Seele – die Ereignisse des Kriegs von 1914 zeigten das.“*

Boghitschewitsch hatte ganz recht. Sasonow weigerte sich, über irgendeinen mäßigenden Einfluß Großbritanniens oder Frankreichs auf Rußland, das angeblich um Serbiens willen einen Konflikt mit Österreich provoziert hatte, auch nur nachzudenken, aber auch Poincaré und Viviani lehnten es ihrerseits ab, Sasonow zur Mäßigung zu mahnen, und für Großbritannien nahm Edward Grey dieselbe Position ein.

In seinem Buch über den *„Willen zum Krieg“* läßt Boghitschewitsch keinen Zweifel am Kriegswillen Serbiens und

Rußlands aufkommen. Über Deutschland urteilt er dagegen, seine Entscheidungen seien ausschließlich auf die Wahrung des Friedens ausgerichtet gewesen. „*Deutschland zu bekriegen, war der einzige Grund für Frankreichs Bündnis mit Rußland,*" meint er.

Am 24. Juli 1914 versandte das Außenministerium in Brüssel ein Rundschreiben an die belgischen Offiziere, in dem es hieß, Belgien habe vollständig mobilisiert, obwohl die offizielle Verkündigung der belgischen Mobilmachung erst am 30. Juli 1914 erfolgte.

Am 24. Juli 1914 rief Frankreich seine afrikanischen Truppen ins Mutterland zurück.

Am 24. Juli 1914 erfolgte der Auftakt zur französischen Mobilmachung; die französische Armee war nach elf Tagen voll einsatzbereit, als Poincaré am 4. August vor das Parlament trat, was bedeutet, daß die vollständige Mobilisierung um den 24. Juli herum eingesetzt haben muß, auch wenn sie nicht offen bekanntgegeben wurde. Die französische und die russische Führung arbeiteten eng zusammen.

Am 24. Juli 1914 hatte Frankreich bereits seine Flotte aus dem Atlantik zurückgezogen, in der Gewißheit, daß die Engländer seine Atlantikküste zuverlässig schützen würden.

Am 24. Juli 1914 waren Poincaré und Viviani auf dem Weg nach St. Petersburg, wo sie mit großem Prunk und Aufwand empfangen wurden und den russischen Führern noch einmal versicherten, Frankreich sei bereit und würde einen russischen Krieg gegen Deutschland unterstützen. Am 29. Juli kehrten sie nach Paris zurück, und in der Nacht des 31. Juli ging die berühmte Meldung von

Iswolski an Sasonow ab, in der es hieß, der französische Kriegsminister habe den rusischen Militärattaché mit Enthusiasmus darüber informiert, daß die französische Regierung entschieden für den Krieg eintrete; außerdem habe er die Hoffnung ausgedrückt, daß alle russischen Anstrengungen gegen Deutschland gerichtet sein würden, während man Österreich als zu vernachlässigende Größe behandeln könne. Nach den französisch-russischen Geheimverträgen sollte *„als Aggressor jene Macht betrachtet werden, die zuerst mobilisiert"* (Nr. 53), und eine Mobilisierung sollte als *„Kriegserklärung"* eingestuft werden (Nr. 71). Laut den französisch-russischen Abmachungen und den jährlichen Militärbesprechungen sollte auf die Mobilmachung Frankreichs und Rußlands unmittelbar der Angriff auf Deutschland folgen. Die Mobilisierung der französischen sowie der russischen Armee war laut dem Vertrag gleichbedeutend mit einer inoffiziellen Kriegserklärung an Deutschland.

Am 24. Juli 1914 setzte Großbritannien seine Flotte zur Kontrolle der Nordsee, der Ostseeausgänge, des Ärmelkanals sowie der französischen Küste in Bewegung. Am 24. Juli 1914 war bereits die gesamte französische Kriegsflotte im Mittelmeer einsatzbereit.

Am 24. Juli 1914 segelte Wilhelm II., den die alliierte Propaganda als Ungeheuer gezeichnet hat, das die Hunde des Krieges von der Kette ließ, noch seelenruhig auf seiner Sommerreise durch die nördlichen Gewässer, offenbar ohne zu ahnen, welch dunkle Wolken sich über ihm zusammenballten. Er kehrte am Sonntag, dem 26. Juli, zurück und erließ dann sofort seinen dringlichen, aber nutzlosen Appell zur Wahrung des europäischen Friedens. Er wurde von Nikolaus II. dreist getäuscht, der ihn mit unglaublicher Scheinheiligkeit um Vermittlung zwischen Österreich und Serbien bat, während in Rußland bereits die Generalmobilmachung anlief, mit dem der russischen Führung wohlbekannten Ziel eines Angriffs auf Deutschland gemäß den Bestimmungen des Geheimvertrags von 1892. Sogar Sasonow hat zugegeben, daß der Kaiser den Zaren um den Rückzug seiner Truppen von der Grenze gebeten hat und daß Wilhelm II. *„schier am Rand der Verzweiflung"* war.

Die Würfel waren gefallen. Der Krieg lief bereits. Die gesamte Mobilisierung der Entente war abgeschlossen. Die Lawine kam ins Rollen. Der Weltkrieg hatte begonnen. Der Kaiser verschwendete seine Zeit.

Die Verantwortung Poincarés

Die Geheimaufzeichnungen sowie die Zeugenaussagen hochgestellter Persönlichkeiten aus allen Ländern der Entente lassen klar erkennen, daß weder die deutsche noch die österreichische Regierung den Willen hatten, einen europäischen Krieg zu beginnen. Die deutsche Führung tat ihr Bestes, um ihn zu verhindern, als er drohte. Eine Gruppe von Verschwörern, bestehend aus den russischen sowie einigen wenigen französischen Führern, wollte den Krieg hingegen und brach ihn bewußt vom Zaun, wie wir bereits gesehen haben und noch weiter sehen werden.

Man sollte sich erinnern, daß auch in England nur Asquith, Edward Grey und sehr wenige weitere über

Greys geheime Zusagen Bescheid wußten; John Burns[129], Lord John Morley[130] und andere zogen sich am 1. August 1914 aus Asquiths Kabinett zurück, als sie die Wahrheit begriffen.

Man sollte sich ferner in Erinnerung rufen, daß die überwiegende Mehrheit der französischen Führung in die geheimen Intrigen Poincarés ebensowenig eingeweiht waren wie die französische und die britische Öffentlichkeit, da der Geheimvertrag von 1892, der einen Zangenangriff auf Deutschland vorsah, ein absolutes Staatsgeheimnis darstellte. Aber Poincaré, Iswolski und Sasonow verstanden all das ausgezeichnet, ebenso wie sie sich auch untereinander glänzend verstanden. Poincaré spielte sich als weiser Staatsmann auf. *„Frankreich will den Krieg nicht"*, beteuerte er immer wieder lauthals, aber mit dem friedliebenden Frankreich hatte Poincaré nichts am Hut. Poincaré ist nicht Frankreich und Frankreich zum Glück nicht Poincaré. Das französische Volk wollte den Frieden. Poincaré gierte nach Krieg und steuerte Frankreich in ein gigantisches Desaster. Sogar die Bevölkerung Elsaß-Lothringens wollte nichts von einem Krieg wissen; das Parlament Elsaß-Lothringens hatte am 6. Mai 1913

---

129 John Elliot Burns (1858–1943), britischer Politiker der Liberalen Partei. Als Kriegsgegner trat er bei Kriegsausbruch aus Protest von seinem Amt als Präsident des *Local Government Board* (öffentliche Sozialfürsorge) zurück.

130 John Morley (1838–1923), britischer Politiker der Liberalen Partei. Morley wurde 1910 zum *Lord President of the Council* (formelles Ministeramt ohne Geschäftsbereich) ernannt. Von diesem Amt trat er zurück, als Großbritannien am 5. August 1914 Deutschland den Krieg erklärte. Morley hatte sich im Kabinett stets gegen ein enges Bündnis Großbritanniens mit Frankreich gewandt.

John Elliot Burns
(siehe Fußnote S. 165)

John Morley
(siehe Fußnote S. 165)

einstimmig eine Anti-Kriegs-Resolution verabschiedet. Poincaré hingegen sprach im Oktober 1920 bei einer Rede an einer Pariser Universität Klartext über seine wirklichen Ziele:

> *„Für meine Generation habe ich keinen anderen Grund zum Leben gesehen als die Hoffnung auf Rückkehr unserer verlorenen Provinzen."*

Poincaré hat es bis jetzt nicht geschafft, nach dem Krieg die folgenden schwerwiegenden Vorwürfe zu entkräften:

- Daß er im Jahr 1912 die deutschen Verständigungsversuche und das Angebot einer Autonomie für Elsaß-Lothringen zurückgewiesen hatte;
- daß er mit Iswolski vereinbart hatte, Rußland in einem Krieg zu unterstützen, der auf dem Balkan ausbrechen und in den auch Deutschland verwickelt werden sollte;
- daß er Delcassé und Paléologue zu Botschaftern in Rußland ernannte, obgleich er wußte, daß sie auf Krieg erpicht waren;
- daß er bei der Aufhetzung der französischen Presse die Hand im Spiel hatte, die mit russischem Geld bestochen wurde, um die russische Kriegstreiberei auf dem Balkan zu unterstützen;
- daß er den Aufbau der russischen Armee sowie die gegen Deutschland gerichtete Erweiterung des russischen Eisenbahnnetzes mitfinanzierte;
- daß er im Frühjahr die britisch-russischen Flottenvereinbarungen vorantrieb;
- daß er in St. Petersburg, wohin er im Juli 1914 eine Woche vor dem Beginn der russischen Mobilmachung ge-

reist war, die russische Kriegspartei ermunterte und somit direkt zum Kriegsausbruch beitrug;

- daß er am 29. Juli 1914 seinen persönlichen Einfluß in die Waagschale warf, um den Krieg auszulösen, und daß er seinem Kriegsminister in der Nacht des 31. Juli grünes Licht für die Meldung an Rußland erteilte, Frankreich sei zum Waffengang bereit;
- daß er dem französischen Volk seine Absprachen mit Rußland verschwiegen und es damit über elementare Fakten getäuscht hat, während ihm gleichzeitig eingeredet wurde, Deutschland habe sich einer vorsätzlichen Aggression schuldig gemacht, und Frankreich führe nur zur Selbstverteidigung Krieg;
- daß er den britischen König Georg am 31. Juli 1914 brieflich seiner friedlichen Absichten versicherte, während er zugleich alles tat, um die Russen zum Angriff zu bewegen.

Es wäre ein ernsthafter Fehler, die Debatte über so entscheidend wichtige Fragen auf die Stigmatisierung einzelner Personen zu reduzieren, gleichgültig wie schwer sie gefehlt haben mögen. Halten wir Poincaré zugute, daß er sich wohl für einen neuen Napoleon hielt, der Frankreich zu einem triumphalen Sieg und in eine neue, ruhmreiche Ära der Hegemonie über Europa führen wollte, mit anderen Worten, daß seine Motive patriotischer Art waren. Diese Beweggründe waren zweifellos vorhanden, aber er berücksichtigte das Gesetz der Schwerkraft nicht, das letzten Ende auf jedes menschliche Handeln einwirkt. Es ist für ihn und seine Mitstreiter noch nicht zu spät, einen Teil ihrer Schuld wiedergutzumachen, indem sie ihre Energie auf die Schaffung eines

Friedens aufwenden, dessen Markenzeichen transparente Diplomatie, echte Demokratie, Gerechtigkeit und Kompromißbereitschaft sein werden, und indem sie ihrer alten Doktrin der Intrigen und der Gewalt abschwören.

Mobilisierung

Eine Generalmobilmachung ist de facto gleichbedeutend mit einer Kriegserklärung und wurde in ganz Europa als solche aufgefaßt. Für Rußland bedeutete sie beispielsweise, vierzehn Millionen Mann zu den Waffen zu rufen und eine gigantische Maschinerie in Gang zu setzen, welche diese Millionen von Soldaten mit Nahrung, Kleidung, Transportmitteln, Waffen und Munition versorgte. Es bedeutete auch, das ganze Land unter Kriegsrecht zu stellen und die zivilen Behörden zu entmachten. Dies war der letzte Akt, nachdem die Diplomatie versagt hatte und nichts anderes übrigblieb, als sich auf die Kraft der Waffen zu verlassen. Der Kanonendonner löste die geschliffenen Formulierungen der Diplomaten ab.

General Boisdeffre formulierte dies während der Verhandlungen über den französisch-russischen Vertrag von 1892 wie folgt:

> *„Eine Mobilisierung ist eine Kriegserklärung. Eine Mobilisierung zwingt den Nachbarn, ebenfalls zu mobilisieren; eine Mobilisierung erzwingt die Ingangsetzung von strategischen Transporten und Truppenkonzentrationen." „Genau so sehe ich das auch"*, pflichtete ihm der Zar bei.

Selbst der strikt profranzösische Historiker Renouvin bestätigt dies und räumt ein, daß die russische Mobilmachung nicht ohne deutsche Antwort bleiben konnte, was im Klartext heißt, daß sie die Deutschen zwang, ihrerseits mobilzumachen – und dies bedeutete Krieg.

Der bekannte französische Publizist Mathias Morhardt[131] schreibt:

> *„Alle Regierungen in Europa wußten: Generalmobilmachung heißt Krieg. Die russische Generalmobilmachung war ein aggressiver Akt, gebilligt von höchster Stelle. Wir verfügen hierzu über die Zeugenaussagen von Zar Alexander III., Zar Nikolaus II., König Georg V.[132], von Wilhelm II. und Herrn Raymond Poincaré. Zur Verfügung stehen uns ferner die Erklärungen von General Boisdeffre, General Obrontschew General Dobrowolski, Herrn Maurice Paléologue, Herrn René Viviani, Sir Edward Grey, Lloyd George[133] und so weiter und so fort."*

Mit Blick auf Deutschland schreibt Morhardt:

> *„In seiner Sicherheit und sogar in seiner Existenz durch die russische Mobilmachung bedroht, verlangte*

---

131 Zit. Morhardt, *Preuves*, S. 291.

132 George V. (1865–1836), englischer König von 1911 bis 1936.

133 David Lloyd George (1863–1945), britischer Politiker. Von Dezember 1916 bis Oktober 1922 britischer Premierminister. Lloyd Georges Kriegspolitik zielte auf eine vollständige Niederlage des Deutschen Reiches ab.

David Lloyd George (*siehe Fußnote S. 170*)

> *Deutschland zuerst deren Einstellung, die Nikolaus II. in seiner Erklärung ja in Aussicht gestellt hatte, und erst als Rußland dies ablehnte, war der Krieg unvermeidlich geworden."*

Dieses Urteil wird von den fähigsten Historikern der Welt geteilt – darunter nicht wenigen bekannten Franzosen.

Es geht aus den Aufzeichnungen mit unüberbietbarer Klarheit hervor, daß die Verschwörung der russischen Imperialisten mit Poincaré nicht nur den Krieg wollte, ihn sorgfältig vorbereitete, über Serbien den Vorwand dafür schuf und fälschlicherweise die deutsche Führung des Kriegswillens beschuldigte, sondern auch den aggressiven Schritt der Generalmobilmachung vollzog, den der Kriegsrat am 24. Juli beschlossen hatte und den die Militärclique unverzüglich in die Tat umsetzte. Der Zar unterzeichnete den ersten formellen Erlaß zur Generalmobilmachung am 29. Juli und bestätigte ihn am 30. Juli.

Am 24. Juli gab der französische Botschafter in Rußland ein Essen, dem auch der russische Außenminister beiwohnte. Dies war unmittelbar nach Eintreffen der Nachrichten aus Serbien über das österreichische Ultimatum.

Gleich danach, um drei Uhr, wurde ein Kriegsrat abgehalten, bei dem der Zar aufgefordert wurde, den Befehl zur Mobilmachung der Armeen und der Flotte, zur Freigabe von Kriegsmaterial sowie zum Abruf von Geldern aus Österreich und Deutschland zu erteilen. Am 25. Juli gab der Zar dieser Aufforderung statt, und es wurden sämtliche notwendigen Schritte zu ihrer Umsetzung in die Wege geleitet. Der englische Botschafter George Buchanan[134] benachrichtigte seine Regierung, daß der russische Zar die nötigen Befehle unterzeichnet hatte und daß der Außenminister gemäß seiner Einschätzung die erste Million Soldaten mobilisieren konnte, sobald er den geeigneten Zeitpunkt für gekommen hielt. Die notwendigen Vorbereitungen würden in jedem Fall schon anlaufen. Das war am 25. Juli.

Botschafter Buchanan vermeldete außerdem, daß Sasonow durch die uneingeschränkte Zusage militärischer Unterstützung seitens Frankreichs in seinen aggressiven Plänen bestärkt worden sei. Der französische Botschafter habe Sasonow formell die vorbehaltlose Hilfe seiner Regierung versprochen. (Dies war ebenfalls am 25. Juli geschehen.) Über all diese entscheidend wichtigen Fakten muß Edward Grey folglich Bescheid gewußt haben.

General Dobrowolski, innerhalb des russischen Generalstabs für die Mobilisierung zuständig, gibt an, der Ministerrat und der Generalstab hätten am 25. Juli endgültig für den Krieg optiert. Dies geschah, bevor die Russen den Inhalt der serbischen Antwort an Österreich kannten. Dobrowolski führt aus:

> *„Am Abend des 25. Juli fand ein Treffen des Komitees des Generalstabs statt, auf dem eine sofortige Teilmobilmachung beschlossen und darüber hinaus für sämtliche Festungen und Grenzstationen der Kriegszustand angeordnet wurde. Der Krieg war bereits be-*

134 Sir George William Buchanan (1854–1924), britischer Diplomat. Von 1910 bis 1917 britischer Botschafter in St. Petersburg.

> *schlossene Sache. Die ganze Telegrammflut zwischen Rußland und Deutschland war lediglich die Kulisse, hinter der das Drama seinen Gang nahm."*

In der Nacht des 25. Juli, so Dobrowolski, sei ein zweiter Erlaß ergangen:

> *„Man nahm den 26. Juli als Stichtag für den Beginn der Kriegsvorbereitungen im gesamten europäischen Rußland."*

Von diesem Zeitpunkt an wurde die ganze russische Armee mobilisiert, obwohl die entsprechenden Befehle noch nicht veröffentlicht worden waren. Dobrowolski hielt eine Teilmobilmachung für unmöglich und lehnte jeden Schritt in dieser Richtung ab. Die Friedensverhandlungen seitens der Russen waren lediglich eine List, ein Betrugsmanöver. Im Sommer 1915 erklärte General Palizyn, damals Chef des russischen Generalstabs, in Bezug auf Österreich:

> *„Lange Zeit glaubten sie nicht, daß wir den Krieg erklären würden. Sie richteten ihre Aufmerksamkeit auf Serbien, in der vollen Überzeugung, wir würden uns nicht rühren. Unsere Mobilisierung traf sie wie ein Donnerschlag. Sie waren mit Serbien beschäftigt. Auch die Deutschen ließen die ersten Tage untätig verstreichen. Insgesamt gewannen wir zwölf Tage. Unsere Feinde begingen einen gigantischen Fehler* [indem sie auf die Ehrlichkeit der russischen Diplomatie vertrauten] *und überließen uns einen unschätzbaren Vorteil."*

Der serbische Premierminister Paschitsch schrieb am 31. Juli an seinen Generalstab:

> *„Die Nachrichten unseres Botschafters in St. Petersburg besagen, daß Rußland jetzt verhandelt und die Verhandlungen weiter in die Länge zieht, um Zeit für die Mobilisierung und Konzentrierung seiner Truppen zu gewinnen. Wenn diese abgeschlossen sind, wird man Österreich den Krieg erklären."*

Am 28. Juli versicherte der französische Botschafter Paléologue Sasonow erneut der uneingeschränkten Bereitschaft Frankreichs, gemeinsam mit Rußland in den Kampf zu ziehen. Aus den Berichten, die ihn aus London erreichten, wußte Sasonow, daß Deutschland nicht auf die britische Neutralität rechnen konnte und die britische Regierung ihrerseits Verpflichtungen gegenüber Rußlands Bündnispartner Frankreich eingegangen war. Daher mahnte Sasonow den Generalstabschef, es sei *„absolut notwendig, die Mobilisierung der Armee nicht länger zu verzögern"*, und am 28. Juli wurden die entsprechenden Befehle für den Zaren zur Unterschrift bereitgestellt. Er unterzeichnete sie am 29. Juli, widerrief sie jedoch zunächst telefonisch, nachdem ein dringliches Telegramm von Wilhelm II. ihn ermahnt hatte, daß er, sollte er die Mobilmachung anordnen, für den in diesem Fall unvermeidlichen Krieg verantwortlich sein würde. Am 29. Juli kabelte der Generalstabschef schließlich nach Warschau, der 30. Juli gelte als erster Tag der Mobilisierung.

Am 29. Juli um 3 Uhr nachmittags gab der russische Generalstabschef dem deutschen Militärattaché in St. Petersburg lügenhaft sein Ehrenwort, bis zur Stunde sei die Mobilisierung noch nirgendwo angeordnet worden und der Zar wünsche auch keine solche gegen Deutschland. Der Zar hatte die einschlägigen Befehle aber bereits unterzeichnet.

Am 28. Juli setzte Sasonow seinen Botschafter in Berlin darüber in Kenntnis, daß am folgenden Tag in vier Bezirken eine öffentliche Mobilmachung gegen Österreich stattfinden werde; gegen Deutschland, ergänzte er, seien jedoch keinerlei offensiven Schritte geplant. Das war eine Lüge. Am 24. Juli, zwischen 11 und 12 Uhr vormittags, hatte General Januschkewitsch[135], Chef des Generalstabs, telefonisch bei Dobrowolski angefragt, ob alles bereit sei, um die Mobilisierung der Armee in Gang zu setzen. Dies wurde ihm bestätigt, und es wurde ihm mitgeteilt, innerhalb einer Stunde werde er die entsprechenden Dokumente erhalten, in denen allerdings nur von einer Teilmobilmachung die Rede sein werde, um *„die Mobilmachung so durchführen zu können, daß Deutschland darin nichts Bedrohliches für sich selbst sehen kann"*. Die Kriegsvorbereitungen begannen also am 24. Juli, und die angebliche Teilmobilmachung war lediglich der Beginn der unmittelbar folgenden allgemeinen Mobilmachung; hätte man gleich eine Generalmobilmachung in die Wege geleitet, wäre dies praktisch auf dasselbe hinausgelaufen. Diese Aufzeichnungen beweisen ohne jeden Zweifel den Kriegswillen Rußlands sowie der französischen Führung.

[135] Nikolai Nikolajewitsch Januschkewitsch (1868–1918), russischer General und von März 1914 bis September 1915 Chef des Generalstabes der Kaiserlich Russischen Armee.

In seinem Bericht über seine Mission in Paris und London im Jahr 1912 schrieb Sasonow:

> *„Grey bestätigte mir von sich aus, was ich bereits von Poincaré wußte: die Existenz eines Abkommens zwischen Frankreich und England, in dem England die Verpflichtung eingegangen war, Frankreich im Kriegsfall zu unterstützen, und zwar nicht nur zur See, sondern auch zu Land, was die Entsendung von Truppen auf den Kontinent bedeutet."*

Frankreich, mit England im Rücken, ließ das kaiserliche Rußland kühn genug werden, seine verschwörerischen Pläne in die Tat umzusetzen, um Österreich zu zerschlagen und Deutschland zu zerquetschen.

In einer unlängst in Paris erschienenen, vierhundertseitigen Publikation, die Beiträge von sechzehn früheren hohen Generälen und Admirälen enthält und zu der Victor Marqueritte das Vorwort beigetragen hat, wird unter dem Titel *Documents Historiques des Alliées contre la Russie* die französische Politik vom russischen Standpunkt aus angegriffen, aber auch die zaristische Regierung angeklagt. Die Verfasser stellen sich auf den Standpunkt, Frankreich habe Rußland hinterlistig in den Krieg gelockt.

Am Donnerstag, dem 30. Juli, befahl der Zar um vier Uhr nachmittags erneut die Generalmobilmachung, was laut dem Plan der Verschwörer Sasonow, Iswolski und Poincaré nichts anderes als Krieg gegen Deutschland bedeutete. Fortlaufend trafen neue Botschaften seitens der französischen Regierung ein, in denen wiederholt wurde, man stehe fest zu Rußland, und in der Nacht des 31. Juli folgte schließlich das berühmt-berüchtigte Telegramm 216, in dem Sasonow noch einmal mitgeteilt wurde, die französische Regierung sei kriegsentschlossen, und er solle seine Truppen gegen Deutschland massieren, während Österreich zu vernachlässigen sei.

Rußland folgte diesem Rat und ließ 800.000 Mann in Ostpreußen einfallen, ehe die Deutschen dort eine Verteidigung organisieren konnten. Erst um Mitternacht des 31. Juli verlangte Wilhelm II. erstmals den Stopp der russischen Mobilmachung. Nachdem er hierauf eine abschlägige Antwort erhalten hatte, erklärte Deutschland Rußland immer noch nicht den Krieg, sondern rief lediglich den „Zustand der drohenden Kriegsgefahr" aus. Nichtsdestoweniger wurde Deutschland prompt bezichtigt, den Krieg erklärt und begonnen zu haben, und es wurde von jenen, die diese Erdichtung treuherzig für wahr hielten, moralisch für all das verantwortlich gemacht, was folgte.

Doch die moralische Verantwortung lag bei Sasonow, Nikolaus II., Großherzog Nikolaus und Raymond Poincaré. Ihre Schuld liegt nun klar zutage, und kein auch nur halbwegs informierter Mensch kann sie noch in Abrede stellen. Die Beweise, von den namhaftesten Autoritäten zusammengestellt, sind lückenlos und liegen in zahlreichen Sprachen gedruckt vor.

Teil 3: Stefan Scheil

Was ist eine Verschwörung – 1914 vs. 1939?

„Ich habe den höchsten Stellen klargemacht, daß wir aus strategischer Sicht nie eine bessere Gelegenheit finden würden."
Nachricht des französischen Generalstabschefs Noel Castelnau[136] an seinen Sohn – 30. Juli 1914

„Ich bewundere die allgemeine Ruhe, die Befriedigung über die eigene Arbeit … und die unverhohlene Freude, die nach Ansicht der Franzosen günstige strategische Lage auszunutzen."
Bericht des russischen Militärattachés in Frankreich, Alexei Ignatjew[137], an den russischen Generalstabschef Suchomlinow vom 30. Juli 1914

[136] Noel Édouard Marie Joseph de Castelnau (1851–1944), französischer Feldmarschall im Ersten Weltkrieg und führender Vertreter des „Offensivdenkens". In den Jahren 1911 bis 1914 sowie ein zweites Mal 1915/16 Chef des *Generalstabes* im französischen Oberkommando.

[137] Alexei Alexejewitsch Ignatjew (1877–1954), russischer General und Diplomat. Militärattaché Rußlands in Frankreich und nach Ausbruch des Ersten Weltkrieges 1914 militärischer Vertreter Rußlands im französischen Hauptquartier.

In den ersten Tagen des beginnenden Weltkriegs gab es am Monatswechsel von Juli zu August 1914 an vielen Orten Europas spontane und freudige Demonstrationen wegen des Kriegsausbruchs. Von vielen Europäern schien damals geradezu eine Last abgefallen zu sein. Solche Freude erfaßte zwar bei weitem nicht die ganze Bevölkerung, aber als denkwürdiges gesamteuropäisches Phänomen angesichts des kommenden Krieges ist sie oft beschrieben worden.[138] Jahrelanges diplomatisches Gezerre und immer neue Pressekampagnen mit drohenden Kriegsszenarien hatten das Volk an einen Punkt gebracht, an dem nun endlich deren Schluß begrüßt wurde. Es würde ein Ende mit Schrecken werden, das dürfte auch den Jubelnden bewußt gewesen sein. Aber es war wenigstens ein Ende einer zuvor scheinbar endlosen Anspannung, aus der kein anderer Ausweg als jener der Gewalt mehr zu führen schien.

Die spätere Geschichtsschreibung hat es nur wenig zum Thema werden lassen, ob solche Freude auch bei den Personen in den politischen Führungsetagen geherrscht haben könnte. Zwar wurde kolportiert, der schon damals als kriegslustig bekannte Winston Churchill[139], 1914 als Marineminister Erster Lord der bri-

[138] Der vielleicht prominenteste Teilnehmer einer solchen Kundgebung war der spätere Diktator Adolf Hitler, dessen begeistert hutschwenkende Anwesenheit auf der Münchner Kundgebung durch ein historisches Zufallsfoto belegt ist.

[139] Sir Winston Leonard Spencer Churchill (1874–1965), bedeutendster britischer Staatsmann des 20. Jahrhunderts, Autor politischer und historischer Werke. Von 1911 bis 1915 Erster Lord der Admiralität und damit politisch verantwortlich für die Royal Navy. Churchill mußte nach der britischen Niederlage an den Dardanellen von seinem Amt zurücktreten. Von November 1915 bis Mai 1916 diente er als Offizier

tischen Admiralität, habe zufrieden gelächelt, als am 4. August 1914 endlich die britische Kriegserklärung an Deutschland feststand. Aber dies war ein Einzelfall. Es dominierte unter dem Eindruck des Krieges in der historischen Betrachtung die Frage, wer für die Ereignisse verantwortlich oder „schuld“ daran gewesen sei, aber vorzugsweise unter dem Blickwinkel von Versäumnissen und Fehlkalkulationen, nicht unter dem Aspekt, wer vielleicht in den späten Julitagen des Jahres 1914 mit Befriedigung auf einen Ablauf der Dinge blicken konnte, auf den er jahrelang zugearbeitet hatte.

Dabei lag diese Frage eigentlich recht nah, aus allgemeinen Überlegungen heraus ebenso wie aus dem Inhalt der gefundenen Materialien. Es gibt aus französischen wie aus russischen Quellen eine ganze Reihe von Äußerungen, die den kommenden Krieg mit großer Befriedigung sahen. Wir werden einige davon kennenlernen.

So wurde beim Kommandeur des 120. französischen Infanterie-Regiments während des deutschen Vormarschs ein Brief gefunden. Er war am 28. Juli 1914 von einem mit ihm befreundeten Offizier geschrieben worden, wahrscheinlich einem Attaché im Kriegsministerium. Die Unterschrift ist unleserlich, aber die persönliche Adresse ist angegeben. Der Brief wurde im Archiv des deutschen Auswärtigen Amts gesichert und im Rahmen der deutschen

an der Front in Flandern und Nordfrankreich. Von Juli 1917 bis Kriegsende als Rüstungsminister im Amt, war er von 1924–1929 britischer Schatzkanzler. Bei Ausbruch des Zweiten Weltkrieges erneut Erster Lord der Admiralität, übernahm Winston Churchill am 10. Mai 1940 das Amt des Premierministers und führte Großbritannien durch den Zweiten Weltkrieg.

Winston Churchill *(siehe Fußnote S. 180)*

parlamentarischen Untersuchung der Kriegsursachen abgedruckt. Hier einige Sätze aus diesem Schreiben:

> *„Kriegschancen 7:10. Die Dinge stehen gut für uns, weil Rußland zuerst mobil macht, so Zeit gewinnt und zugleich mit den anderen fertig sein wird. Im Ministerium ist man begeistert. General Joffre lächelt, denn die sieben ersten Maßnahmen der Spannungszeit sind ohne einen Schuß und ohne eine Indiskretion getroffen worden. Die Zeitungsvertreter wahren das Geheimnis, wie sie es versprochen haben. Niemand hat Einwände, höchstens, daß nicht genug geschieht.*
>
> *Man war erstaunt, daß Du den Befehl zur Rückberufung der Urlauber noch nicht erhalten hast. Jetzt mußt Du ihn schon haben. Er ist bereits vor vierundzwanzig Stunden ergangen. Heute Abend sind alle Regimenter in ihre Garnisonen zurückgekehrt. Die Manöverlager sind leer. Gestern hat man auf dem östlichen Bahnnetz über hundert Züge eingeschoben. Kein einziges Hindernis. Messimy[140] hat in seinem Aufruf an das Volk einen Hinweis über die Schuhe[141] gegeben, den Du in den heutigen Zeitungen finden wirst und der deutlich ist."*

Während in Deutschland noch nichts dergleichen geschah, lief am 28. Juli 1914 in Frankreich also längst alles an

[140] Adolphe Messimy (1869–1935), Politiker und General, Juni 1914 bis August 1914 französischer Kriegsminister, danach Frontdienst.

[141] Dieser Hinweis besagte, daß die Empfehlung, ein bis zwei Paar gute Schuhe mitzubringen, nicht nur für die zum Oktober neu einberufenen Mannschaften gelten würde, sondern für alle, die für einen Mobilmachungsbefehl in Frage kämen.

Adolphe Messimy *(siehe Fußnote S. 183)*

militärischen Vorbereitungen auf Hochtouren, zufrieden lächelnd betrachtet vom Oberbefehlshaber der Armee und im Rahmen einer gemeinsamen Absprache und Verschwörung vollkommen totgeschwiegen von der Presse.

An dieser Stelle sind zweifellos einige Worte über den Begriff der „Verschwörung“ angebracht, der ja schließlich den Titel des vorliegenden Buches ziert. Senator Robert Owen hat ihn 1923 zur Beschreibung jenes Vorgangs verwendet, mit dem die französische und die russische Regierung nach seiner Ansicht gemeinsam und absichtlich 1914 den großen europäischen Krieg auslösten. Das blieb nicht das einzige Beispiel, in dem Kriege als Verschwörungen deklariert wurden. Später sollte es im Jahr 1945 ebenfalls „Verschwörung“ sein, die man in diesem Fall den Angehörigen der Führungsschicht des nationalsozialistischen Deutschland vorwarf, soweit man sie im Hauptprozeß des Nürnberger Tribunals auf die Anklagebank setzte. Auch in diesem Fall kam der Begriff auf US-amerikanische Initiative zum Einsatz, als im Vorfeld des Nürnberger Prozesses nach einer juristischen Basis für die gemeinsame Anklage einer nach Biographie, Amt und politischem Einfluß offensichtlich sehr heterogenen deutschen Personengruppe gesucht wurde.

Dies ist insofern nicht zufällig, als die Behauptung einer Verschwörung aus dem US-amerikanischen Rechtsverständnis stammt und dort – laienhaft gesprochen – in etwa das darstellt, was im bundesdeutschen Recht eine kriminelle Vereinigung ist. US-Chefankläger Robert H. Jackson[142] erläuterte die Verschwörungstheorie und

[142] Robert Houghwout Jackson (1892–1954), US-amerikanischer Jurist

ihren Nutzen im Vorfeld des Nürnberger Prozesses seinen Kollegen wie folgt:

> *„Der amerikanische Vorschlag lautet so, daß wir die Verschwörungstheorie nutzen, die einen gemeinsamen Plan oder eine Verständigung zum Erreichen eines illegalen Zieles voraussetzt, oder den Einsatz illegaler Methoden zum Erreichen eines Zieles, und dabei jeden für die Taten jedes anderen Beteiligten mitverantwortlich macht."*[143]

Das sei die notwendige Klammer für den Prozeß überhaupt, so Jackson weiter. Falle sie weg, könne es keinen gemeinsamen Prozeß geben, sondern nur viele Einzelprozesse gegen deutsche Verantwortliche, und dies sei ja nicht im Sinne der Alliierten. Bliebe sie aber erhalten, bestünde im weiteren auch die Möglichkeit, Freiwilligenorganisationen wie die Gestapo oder die SS mit anzuklagen, wie es später tatsächlich geschehen sollte.

1945 blieb die Verschwörungstheorie letztlich für den Prozeß erhalten. Sie stellte sich aber bald als recht absurd heraus, da als Kerndatum für die Anklage der 1. September 1939 genommen worden war und Angeklagte wie der Architekt Prof. Albert Speer[144] oder der Bankier

---

und Politiker, Richter am Obersten Gerichtshof der USA und für diese Hauptanklagevertreter bei den Nürnberger Prozessen.

143 Zit. n. Department of State (Hrsg.): *Report of Robert H. Jackson, United States Representative to the International Conference on Military Trials*, Washington 1949, S. 129. (zit. *Jackson-Report*)

144 Prof. Albert Speer (1905–1981), deutscher Architekt und ab 1942 Reichsminister für Bewaffnung und Munition.

Dr. Hjalmar Schacht[145] zu dieser Zeit überhaupt nicht zur deutschen Staatsführung gehört hatten. Auch waren angeklagte deutsche Offiziere wie der spätere Generaloberst Alfred Jodl[146] zu dieser Zeit zu einem Dienst[147] abkommandiert, in dessen Stellung sie ebenfalls keinerlei Einfluß auf grundsätzliche Entscheidungen über Krieg und Frieden hatten.

Hier bekam die Unterstellung einer „Verschwörung" dieses Personenkreises eher den Charakter einer Rechtsbeugung. Das gab Jackson am Beispiel des Falles Hjalmar Schacht dann auch recht ungeniert zu, als der britische Juristenkollege David Maxwell Fyfe[148] in einer der vorbereitenden Sitzungen des Nürnberger Prozesses auf eine bereits getroffene Übereinkunft bezüglich der Möglichkeit späterer Prozesse gegen Personen hinwies, die für den Hauptprozeß vielleicht ungeeignet seien. Jackson entgegnete daraufhin:

> *„Die Schwierigkeit besteht darin – nehmen wir einmal den Bankier als Beispiel, Schacht, der zurzeit unser Gefangener ist – er ist entweder ein großer*

---

145 Dr. Horace Greeley Hjalmar Schacht (1877–1970), deutscher Bankier und Politiker. Von 1923 bis 1930 und von März 1933 bis Januar 1939 Reichsbankpräsident sowie von 1934 bis 1937 Reichswirtschaftsminister.

146 Alfred Josef Ferdinand Jodl (1890–1946), deutscher General. Während des Zweiten Weltkrieges Chef des Wehrmachtführungsstabes im Oberkommando der Wehrmacht.

147 Jodl diente am 1.9.1939 als Teil des Oberkommandos der Wehrmacht, wartete aber eigentlich auf seine schon beschlossene Versetzung als Divisionskommandeur.

148 David Patrick Maxwell Fyfe (1900–1967), britischer Jurist und Politiker. In den Nürnberger Prozessen im Stab der Ankläger.

> *Kriegsverbrecher oder gar nichts. Wenn wir ihn wegen dieser Übereinkunft ausnehmen, gibt es überhaupt nichts, weswegen man ihn anklagen könnte. Nichts als die ‚Gemeinsamer Plan'- oder Verschwörungstheorie kann diesen Personenkreis erreichen. Wenn Sie ihn daher aus diesem Tribunal herausnehmen, haben Sie ihn auch vor jeder anderen Anklagemöglichkeit gerettet, denn es gibt kein Gesetz, unter dem Sie ihn anklagen können, außer als Verschwörer.*"[149]

Aus diesen knappen Worten läßt sich nebenbei herauslesen, warum es den Nürnberger Prozeß in dieser Form überhaupt gab. Es sollte sich mit Hilfe einer Verschwörungstheorie der Eindruck eines einseitig von Deutschland und seiner nicht nur nationalsozialistischen, sondern auch bürgerlichen und konservativ-militärischen Führungsschicht in gemeinsamem Einverständnis vom Zaun gebrochenen Krieges verfestigen. Einzelprozesse konnten diesem Ziel nicht dienen, zumal gegen Personen, die selbst nach Ansicht der potentiellen Ankläger eigentlich „nichts" Rechtswidriges getan hatten. Die Kategorie „Verschwörung" half über diesen kritischen Punkt hinweg, oder sollte es jedenfalls.

Hjalmar Schacht wurde in Nürnberg schließlich tatsächlich freigesprochen, Architekt Albert Speer erhielt eine langjährige Haftstrafe, Offizier Alfred Jodl gar den Tod, als in allen Punkten schuldig gesprochen, auch der Vorbereitung des Krieges. Der Verschwörungsvorwurf

[149] Zit. n. Department of State, *Jackson-Report*.

tat seine Wirkung. Das allgemeine Ziel, die komplizierten Kriegsursachen von 1939 hinter einem öffentlichkeitswirksamen Prozeß verschwinden zu lassen, wurde erreicht.

Aber gab es auch im Jahr 1914 eine Verschwörung, die sich sinnvoll als eine solche bezeichnen läßt?

Das auftretende Personal spricht in jedem Fall dafür. Hier gab es keine Zufallskommandierungen oder bürgerlichen Außenseiter, die mit dem politischen Zentralgeschäft ansonsten nichts zu tun gehabt hätten. Es traten an den entscheidenden Tagen des Sommers 1914 die politisch sehr bewußt agierenden Personen auf, also die unmittelbar politisch Verantwortlichen. Allen voran galt das für das Staatsoberhaupt Rußlands, den Zaren Nikolaus II., und das Staatsoberhaupt der Republik Frankreich, François Poincaré. Es traten im weiteren deren jeweilige Regierungschefs auf, die Außenminister sowie die gegenseitig entsandten Botschafter in St. Petersburg und Paris, die notwendigerweise an den Vorbereitungen beteiligten Militärs und als Randzeugen einige Personen aus der adligen Gesellschaft.

Das war insgesamt eine recht geschlossene Gesellschaft, die in den fraglichen Tagen und den Vorjahren entscheidende Dinge beraten und entschieden hatte, über deren Inhalt und Grundlagen sie wenig bis nichts nach außen dringen ließ. Im Rahmen der oben gegebenen Verschwörungsdefinition stellt sich daher die Frage nach dem „Gemeinsamen Plan" und für eine juristische Beurteilung auch die nach der Illegalität des Vorhabens und des Zieles. Wir konzentrieren uns hier auf diese russisch-französische Personengruppe als eine zusammenwirkende

Einheit, weil sie mit der russischen Mobilmachung, deren Vorbesprechung und den nachfolgend verdeckten Maßnahmen in Frankreich und Rußland zeitlich gesehen die militärische Ereigniskette in Gang setzte. Zu anderen Verantwortlichen und Ländern später mehr, aber zunächst eben zur Frage nach der möglichen Verschwörung dieser Gruppe.

Nun bestand am Recht zur staatlichen Kriegsführung im Jahr 1914 noch kein grundsätzlicher völkerrechtlicher Zweifel. Staaten konnten zur Durchsetzung ihrer Interessen auch zum Mittel der Gewalt greifen, und dies nicht nur zur unmittelbaren Selbstverteidigung. Aber es gab damals wie auch in anderen europäischen Jahrhunderten das politisch-juristische Gewohnheitsrecht, man habe sich bedroht oder in seinen anerkannten Rechten massiv verletzt fühlen müssen, bevor die eine Partei der anderen den Krieg erklären konnte. Ein grundloser Eroberungszug unter europäisch-christlichen Staaten konnte nicht juristisch verurteilt werden, doch suchte man ihn zu vermeiden. Die französischen Eroberungsfeldzüge auf dem Gebiet des Reiches der deutschen Nation wurden regelmäßig als „Revindikationen" früheren französischen Besitzes dargestellt, und auch Friedrich II.[150] fand für seinen Einmarsch in Schlesien einen zwar recht dürftigen juristischen Erbanspruch, aber völlig ohne ihn wollte er nun auch nicht agieren.

Natürlich lassen sich jedoch Kriegsvorwände auch finden und konstruieren. Dafür nun gibt es im Vorfeld des

[150] Friedrich II. (1712–1786), ab 1740 preußischer König, später als „Friedrich der Große" bezeichnet.

Ersten Weltkrieges zahlreiche Indizien im französisch-russischen Lager. Wir haben oben bereits kurz die französische Presse erwähnt, die – wie abgesprochen – nichts über den bereits laufenden Aufmarsch der französischen Streitkräfte berichtete. Diese Presse wurde in weiten Teilen aber auch seit Jahren aus französischen Regierungskreisen regelrecht bestochen, mit Geld, das in großem Umfang aus russischen Regierungsquellen stammte und der französischen Presse diskret in Form von Bargeld zur Verfügung gestellt wurde.

Dieses ganze Unternehmen sollte die Kriegsbereitschaft der französischen Öffentlichkeit steigern. Insbesondere die Bereitschaft zu stärken, einen von Rußland geführten Krieg in Südosteuropa gutzuheißen, wurde durch Presseberichte gefördert. Diese subtile Manipulation konnte erfolgreich geheimgehalten werden, und hätten nicht die neuen Machthaber nach der russischen Revolution später die Beweise dafür ans Licht gebracht, wüßte man wohl heute noch nichts davon. Auch die dadurch erwirkte Aufdeckung dieses Skandals in den 1920er Jahren blieb jedoch weitgehend folgenlos, und die Fachhistoriker machten einen respektvollen Bogen um diese Information. Vielleicht war es eine zu unappetitliche Vorstellung, eine wichtige Instanz demokratischer Willensbildung – wie die Presse – als bestechlichen Verein ansehen zu müssen. Für unsere Frage nach der „Verschwörung“ sind diese Bestechung der Presse und deren Geheimhaltung natürlich wichtig. Die Regierungen Frankreichs wie Rußlands wußten, daß sie damit heimlich für einen Krieg warben und für Ziele eintraten, die sie offiziell nicht zu verfolgen wagten. Daß sie also eben das taten, was Verschwörer im allgemeinen zu tun pflegen: gemeinsam und verdeckt in Absprache handeln, um etwas zu erreichen, was die Öffentlichkeit nicht wissen darf und was die Grenzen des Moralischen verletzt.

Der Punkt ist nicht ganz einfach zu bestimmen, an dem durch solche Aktionen eine an sich legitime Kriegsvorbereitung in eine verschwörerische umschlägt. In den langen Vorkriegsjahren vor 1914 hatten Politiker und Militärs selbstverständlich auf eine politisch-militärische Konstellation hingewirkt, die im Kriegsfall den Sieg für ihr Land sicherstellen sollte. Das gehörte zu ihren Aufgaben. Krieg als Mittel der Politik und mögliche Konfliktlösung galt wie gesagt vor 1914 auch noch allgemein als prinzipiell zulässiges Instrument. Wechselseitige Aufrüstung, Bevölkerungsentwicklung und Wirtschaftswachstum sorgten für einen ständigen Wandel der Verhältnisse und der Bedrohungslagen. Mit Krieg mußte also prinzipiell irgendwann gerechnet werden.

Zudem sind militärische Vorbereitungen naturgemäß geheim. Die verborgene Arbeit eines Generalstabes allein deshalb als den Teil einer Verschwörung zu erklären, wie dies 1945 im Nürnberger Prozeß mit dem deutschen Oberkommando versucht wurde, ist erkennbar abstrus. So brachte in Nürnberg der Angeklagte Hermann Göring[151] den US-Ankläger Jackson auch völlig aus der Fassung, als er ihm nach entsprechenden Anwürfen wegen deutscher Geheimhaltung die simple Gegenfrage stellte, ob die US-amerikanischen Militärpläne von 1937 viel-

[151] Hermann Wilhelm Göring (1893–1946), deutscher Offizier und Politiker. Ab Mai 1935 Oberbefehlshaber der Deutschen Luftwaffe.

leicht öffentlich gewesen wären? Der Prozeß wurde für diesen Tag abgebrochen, und die Anklage erging sich in Drohungen, derartige Ausfälle der Beschuldigten nicht dulden zu wollen.

Etwas anders sieht es jedoch aus, wenn militärische Planungen und politische Überlegungen unmittelbar gekoppelt werden und wenn die militärischen Planungen dann auch nicht von einer Bedrohungslage ausgehen, sondern einen Angriffskrieg planen. Eben dies ist nun hier im französisch-russischen Lager der Fall gewesen. Wobei besonders der Fall Rußland hervorsticht.

Das Dritte Rom und sein französischer Partner

Das Zwanzigste Jahrhundert hätte weltpolitisch gesehen ohne weiteres ein „russisches Jahrhundert“ werden können. Das territorial größte Land der Welt befand sich im Zeitalter der Eisenbahn auf dem Weg, sein wirtschaftliches und militärisches Potential erst richtig entfalten zu können. Im 19. Jahrhundert waren vor allem in Zentralasien große Eroberungen gelungen. Die Ausdehnung in Richtung Pazifik war allerdings auf den erfolgreichen Widerstand Japans gestoßen, das im russisch-japanischen Krieg 1904/1905 als erstes nichteuropäisches Industrieland einen großen Krieg gegen eine europäische Macht gewinnen konnte. Dieser russischen Niederlage folgte die erste russische Revolution, die für die Regierung in St. Petersburg ein Signal für die Bedrohlichkeit der eigenen Stellung im Kriegsfall hätte sein können, aber nur von einzelnen Beratern so verstanden wurde. Es wurde auch die Theorie vertreten, ein siegreicher Krieg gegen einen äußeren Feind würde für nationalen Zusammenhalt sorgen. Diese These bestätigte sich in den ersten Tagen der Krise wie überall in Europa auch in Rußland, aber nicht dauerhaft.

Dieser Krise – die übrigens vom deutschen Kaiserreich in keiner Weise ausgenutzt wurde, das Rußland in diesen Kriegszeiten mit Lieferungen unterstützte, die zum Beispiel die Verlegung seiner Flotte nach Ostasien überhaupt erst möglich machten – folgte im Jahrzehnt danach bis 1914 allerdings ein vielbeachteter Aufstieg des Zarenreiches. An Rohstoffen und Land hatte es noch nie gefehlt. Nun konnte beides erschlossen werden, und gestützt auf ausländisches, vor allem französisches Kapital auch ein Eisenbahnnetz entstehen, das neben wirtschaftlichen Aspekten die russische Machtentfaltung im Kriegsfall erheblich beschleunigte.

Aus diesem Grund dachte auch niemand daran, etwa von Mitteleuropa aus einen Angriff auf Rußland zu starten. Eine grundsätzliche Überlegung dazu hatte in seinen letzten Regierungsjahren Otto von Bismarck[152] angestellt, als die russische Haltung gegenüber Deutschland bereits damals erkennbar aggressiver wurde. Bismarck hatte diesen Gedanken an einen Präventivkrieg gegen Rußland schließlich verworfen, da das eigentliche Problem, die Einheit von 150 Millionen orthodoxen Russen und deren geopolitische Möglichkeiten, auch im Erfolgsfall nicht verschwinden würde. Das war der Stand von 1885. In

[152] Otto Eduard Leopold v. Bismarck (1815–1898), deutscher Staatsmann. Von 1871 bis 1890 erster Reichskanzler des Deutschen Reiches.

Berlin plante jedoch auch 1914 und in den Vorjahren niemand einen Angriff auf Rußland.

Vor diesem Hintergrund ist die Entscheidungsfindung in St. Petersburg natürlich etwas anders zu beurteilen als die in den sonstigen europäischen Hauptstädten. Paris, Wien, Berlin, Rom und in gewisser Weise auch London bedrohten sich in stärkerem Maß gegenseitig auf Augenhöhe. Ein vollständiger militärischer Sieg eines der europäischen Nationalstaaten über einen anderen war nicht ausgeschlossen. Selbst Großbritannien stellte ein weltumspannendes Imperium dar, aber die Britischen Inseln lagen für andere in militärischer Reichweite, so daß ein Sieg über die schützende Flotte auch die Besetzung der Inseln ermöglichte und also eine finale Niederlage hätte darstellen können. Unter den europäischen Nationalstaaten konnte jeder militärische Fehler schnell nachhaltige Folgen haben. Für Rußland galt das in deutlich geringerem Maß.

Man schrieb vor 1914 das Zeitalter des Imperialismus, und die Europäer hatten fast die ganze Welt unter sich aufgeteilt. Ein Gesetz der möglichst umfangreichen Ausdehnung von staatlicher Macht und ein Gefühl von „Weltmacht oder Untergang“[153] schienen den Lauf der Dinge zu bestimmen. Dennoch oder gerade deswegen bleibt natürlich die Frage bestehen, warum man in St. Petersburg für eine weitere Machtausdehnung in Mittel-, Südosteuropa und Kleinasien einen europäischen Großkrieg riskieren wollte. Dies würde ja nun erkennbar etwas anderes sein, als in Zentralasien oder dem Kaukasus

[153] So der Titel von Sönke Neitzels Habilitationsschrift zum Thema.

noch vorhandene Stammesstrukturen ins Reich zu integrieren. Mehr Risiko und sehr viel mehr Einsatz mußten gebracht werden. Mußten von einem Staat gebracht werden, der sich unangefochten und militärisch unbedroht dem inneren Ausbau seines bereits vorhandenen Imperiums hätte widmen können, des größten der Welt. Wie die Russische Föderation trotz aller späteren Gebietsverluste auch im Jahr 2023 noch den größten Staat der Welt darstellt.

Als Kriegsziele des Zaren im Jahr 1914 standen demgegenüber eigentlich nur Marginalien. Eine Verbesserung der Lage Serbiens etwa und eine Ausweitung von dessen Territorium waren auf der Liste, etwa in Richtung des von Österreich damals annektierten Bosnien-Herzegowina und eines Mittelmeerzugangs. Der russische Monarch selbst sah sich zudem als derjenige, der nach fast 500 Jahren den Türken wieder Konstantinopel bzw. Istanbul abnehmen würde, als fast 1.000jährige Hauptstadt des römischen Reiches das „zweite Rom", aus russischer Sicht, während man den russischen Staat selbst in dieser Tradition als „drittes Rom" und legitimen Nachfolger einstufte. Dies stellte ein eher romantisches Ziel dar. Damit verbunden war allerdings eine bessere Kontrolle über den schmalen Zugang zum Schwarzen Meer und eventuell die Option, über diesen Weg selbst im Mittelmeer aktiv zu werden. Diese Kontrolle über Konstantinopel wurde Rußland während des Krieges dann sogar von den Verbündeten in Paris und London zugestanden.

Und dann gab es noch einen weiteren Komplex, der Nikolaus II. immer wieder beschäftigte: die Auflösung Deutschlands.

Diese Absicht hatte seinerzeit im Jahr 1892 schon für Zar Alexander III. im Mittelpunkt des damals gerade neu geschlossenen Vertrages mit Frankreich gestanden. Er sagte es deutlich, als er den Vertragsentwurf überreicht bekam:

> *„Wir müssen wirklich ein Abkommen mit den Franzosen schließen. Wir müssen bereit sein, die Deutschen augenblicklich anzugreifen, damit sie nicht die Gelegenheit haben, Frankreich zuerst zu schlagen, und sich dann gegen uns zu wenden. … Wir müssen die Fehler der Vergangenheit korrigieren und Deutschland bei der ersten Gelegenheit vernichten."*[154]

Und auf die Nachfrage eines Diplomaten nach dem Warum und was die Folge sein solle, gab Alexander III. die Antwort:

> *„Nun, wir würden erreichen, daß Deutschland als solches einfach verschwindet. Es würde in eine Reihe kleiner, schwacher Staaten zerfallen, wie es früher war."*[155]

Der Tradition dieser Denkweise fühlte sich auch Nikolaus II. verpflichtet. Die Wiedererstehung der früheren deutschen Kleinstaatenwelt wäre ein wünschenswertes Ergebnis des Krieges, setzte er dem französischen Botschafter im Spätjahr 1914 auseinander. Man müsse vor-

---

[154] Zit. n. Kennan, *Alliance*, S. 154.

[155] Zit. n. Kennan, *Alliance*, S. 213.

sichtig bei der Erzwingung dieser Entwicklung sein, da eine offene Ankündigung den deutschen Nationalismus stärken würde, aber sie sei erstrebenswertes Ziel.[156] In diesem Zusammenhang würde sich dann auch die Gefahr eines Beitritts Deutsch-Österreichs zum Deutschen Reich nach einer möglichen Zerschlagung der Habsburgermonarchie sozusagen von selbst erledigen. Den territorialen Umfang dieses deutschen Restbestandes gedachte die St. Petersburger Führung großzügig zu beschneiden, wobei damals allerdings als anzustrebende Generallinie noch nicht die Oder, sondern die Weichsel galt, also vor allem Ostpreußen und Danzig zur Disposition standen. Die Provinzen Posen und Teile Schlesiens sollten allerdings dem russisch verwalteten Polen zugeschlagen werden. Frankreich sollte im Gegenzug seine Grenze zur deutschen Kleinstaatenwelt nach Gutdünken bestimmen. In der Regel wurde vom Rhein als Leitlinie gesprochen.

Für Deutschland stand also seine komplette Existenz auf dem Spiel, als die russische Mobilmachung nach dem französischen Staatsbesuch am 24. Juli 1914 verdeckt begonnen wurde. Es ist trotz vieler Erklärungsversuche schwer zu bestimmen, was genau das Deutsche Reich aus russischer Sicht eigentlich getan hatte, um seine Vernichtung zu verdienen. Als Motiv wird meist die deutsche Unterstützung für Österreich-Ungarn genannt und jene für das Osmanische Reich, sowie ganz allgemein die deutsche Balkanpolitik, die natürlich in gewisser Weise die russische Machtentfaltung behinderte. Schon auf Bismarcks „Ber-

156 Bericht des Botschafters Paléologue an Außenminister Delcassé vom 22.11.1914; zit. n. Linke, „Rußland", S. 68.

liner Kongreß“ von 1878 hatte dies zu einer massiven Verärgerung Rußlands geführt, das eine eigenständige deutsche Politik in diesem Raum nicht dulden wollte. Objektiv überzeugend wirken diese Interessenkonflikte als Motiv nicht, galt es doch eben zur Umsetzung dieser Ziele einen europäischen Großkrieg zu entfachen, der Rußland an seine militärischen Grenzen führen mußte. Und dies gegen ein Land, von dem der Zar und seine Berater wissen konnten, daß es im Gegenzug keinerlei ähnliche Absichten in Bezug auf Rußland verfolgte. Es ist keine „ex post“-Auffassung, daß es für Rußland auch andere politische Wege hätte geben können und der französisch-russische Kriegsplan zur Vernichtung zweier europäischer Staaten selbst für die Gepflogenheiten des imperialistischen Zeitalters einen außergewöhnlichen Schritt darstellte.

Allerdings mag es sein, daß wie im Fall Konstantinopel/Istanbul auch mit Blick auf Deutschland der Mythos des Dritten Rom eine Rolle spielte und den Kreis der oberflächlichen machtpolitischen Motive um ein persönliches erweiterte, gerade für den Zaren selbst. Das 1871 proklamierte Deutsche Kaiserreich betrachtete sich ja nicht als staatliche Neugründung, sondern als Wiederaufnahme der mittelalterlichen deutschen Kaisertradition des „Heiligen Römischen Reiches Deutscher Nation“. Die Kaiserproklamation von Versailles sprach ausdrücklich davon, daß dessen Krone „wieder aufgenommen“ werde. Für die Reichstagseröffnung im Jahr 1871 nahm der neue Kaiser Wilhelm I.[157] demonstrativ auf einem

[157] Wilhelm I. (1797–1888), von 1861 bis zu seinem Tod König von Preußen und seit der Reichsgründung 1871 erster Deutscher Kaiser.

mittelalterlichen Thron Platz, und dessen 1914 regierender Enkel Wilhelm II. ließ es sich später nicht nehmen, gelegentlich auf die traditionelle Rolle des „Deutschen Kaisers“ zu verweisen, an dem in Europa seit 1.000 Jahren nichts vorbei gehe. In der Tat hatten von 962 bis 1806 nur die von deutschen Fürsten erwählten Könige den Titel eines Kaisers getragen, sonst niemand im katholisch-protestantischen Europa.[158]

Damit bestand eine direkte Konkurrenz zum russischen Selbstverständnis, das zwar ein paar hundert Jahre jünger war, aber sich eben doch als eigentlichen Nachfolger „Roms“ betrachtete. Dies hatte schon einmal eine Rolle gespielt, als 1814 auf dem Wiener Kongreß über eine Wiederherstellung des seit 1806 nicht juristisch, aber faktisch aufgelösten Reichs der deutschen Nation verhandelt wurde. Das zaristische Rußland hatte auch damals zu den Gegnern einer solchen Wiederherstellung gehört. Es gab in den Jahren nach 1815 später einiges an Geld aus, um in Deutschland Propaganda gegen den deutschen Nationalgedanken zu machen, der sich angesichts der verweigerten nationalen Einheit stark belebt hatte. Der 1819 begangene Mord des deutschen Nationalisten Karl Ludwig Sand[159] an dem zu diesen Zwecken von Rußland eingesetzten Autor August von Kotzebue[160] fällt in diesen

158 Zu diesem Selbstverständnis und der Reichskontinuität siehe Scheil, *Donner*.

159 Karl Ludwig Sand (1795–1820), deutscher Burschenschafter.

160 August Friedrich Ferdinand v. Kotzebue (1761–1819), deutscher Dramatiker und Schriftsteller. Ab 1817 als Generalkonsul in russischen Diensten.

Zusammenhang. Jedenfalls ließen sich der geplante Einzug in Konstantinopel/Istanbul und das Ende des deutschen Kaiserreichs aus zaristischer Sicht also prinzipiell als zwei Aspekte der gleichen Sache lesen.

Widmen wir uns an dieser Stelle etwas den französischen Planungen und Erwartungen für den Fall, daß Rußland sich zur Kriegsführung entschließen und seine Streitkräfte mobil machen würde. Diese russische Mobilmachung würde der entscheidende Auslöser für alle weiteren militärischen und politischen Vorgänge sein. „Mobilmachung bedeutet Krieg", in dieser später berühmt-berüchtigten Definition waren sich beide Seiten einig. Die verdeckte Einleitung dieser Mobilmachung durch Rußland geschah 1914 denn auch bezeichnenderweise im Geheimen. Sie konnte also schon per Definition nicht zur Abschreckung Österreichs oder beider Mittelmächte von eigenen Maßnahmen und Aktionen dienen. Sie diente einem Schlag aus dem Verborgenen.

Über das Ausmaß, in dem die französische Republik und ihre führenden Politiker seit 1871 eine militärische Revanche gegen Deutschland anstrebten, gibt es verschiedene Ansichten. An sich entsprach es der traditionellen französischen Politik seit Jahrhunderten, auf eine Schwächung und Teilung der deutschen Reichseinheit hinzuarbeiten. Die Folgen sollten die europäische Geschichte für lange Zeit prägen, worauf der frühere amerikanische Außenminister und Historiker Henry A. Kissinger[161] unter

[161] Henry Alfred Kissinger (*1923), US-amerikanischer Politikwissenschaftler. Von 1969 bis 1975 Nationaler Sicherheitsberater und von 1973 bis 1977 Außenminister der USA.

Bezugnahme auf Frankreichs Staatsmann Kardinal Richelieu[162] mit folgenden Worten hingewiesen hat:

> *„Richelieus Einwirken auf die Geschichte Mitteleuropas war die Kehrseite der Leistungen, die er zugunsten Frankreichs vollbrachte. Er fürchtete ein vereintes Mitteleuropa und verhinderte sein Entstehen. Die deutsche Einheit hat er wohl um zwei Jahrhunderte verzögert. … Deutschland gelang es nicht, ein Nationalstaat zu werden. Zerstückelt und von kleinlichen dynastischen Streitigkeiten aufgezehrt, kehrte es sich nach innen. Das Ergebnis dieser Vorgänge war, daß Deutschland keine nationale politische Kultur entwickelte, sondern in einem engstirnigen Provinzialismus erstarrte. … Deutschland wurde zum Schlachtfeld der meisten europäischen Kriege, nicht wenige davon durch Frankreich ausgelöst."*[163]

Nun muß das negative Urteil über die bis ins 18. Jahrhundert durchaus schlagkräftige deutsche Reichseinheit nicht in diesem Ausmaß geteilt werden. Es gelang dem Reich trotz seiner dezentralen Struktur, die teilweise kombinierten Angriffe der osmanischen Türkei und Frankreichs abzuwehren und wenigstens die Türkei sogar dauerhaft zurückzudrängen. Frankreich blieb eben-

[162] Armand-Jean du Plessis de Richelieu (1585–1642), katholischer französischer Aristokrat, Kirchenfürst und Staatsmann. Unter König Ludwig XIII. Premierminister und als solcher die bestimmende politische Figur in der französischen Politik.

[163] Zit. n. Kissinger, *Vernunft*, S. 63.

falls keine andere Option, als viele deutsche linksrheinische Gebiete umfassend zu verwüsten, die man eigentlich erobern wollte. Aber an dem grundsätzlich antideutschen Grundzug der französischen Außenpolitik besteht kein Zweifel. Dies ist um so weniger der Fall, als diese Teilungspolitik nach dem Sieg im Ersten Weltkrieg 1919 umgehend wiederaufgenommen wurde.

Insofern bestand also Kontinuität in der damaligen Zielsetzung französischer Politik, und auch an dem Vorhandensein eines revanchistischen Grundzugs vor 1914 besteht kein Zweifel. Mit dem französisch-russischen Geheimvertrag hatte die Republik seit 1892 auch das Mittel in der Hand, eine solche Politik militärisch umzusetzen. Allerdings hatte sich das deutsch-französische Kräfteverhältnis seit Kardinal Richelieus Zeiten erheblich gewandelt und wandelte sich nach der deutschen Einheit von 1871 noch weiter. Das Frankreich Richelieus stellte den bevölkerungsreichsten Staat Europas und auch den reichsten dar. Ende des 19. Jahrhunderts befand sich Frankreich dagegen in einer demographischen Krise und konnte auch wirtschaftlich mit Staaten wie Deutschland nicht mehr in der gleichen Liga spielen. Für einen Revanchefeldzug war man auf russische Hilfe mehr angewiesen als je zuvor. Es gibt deshalb Historiker, die diesen Aspekt betonen und das Jahr 1914 als eine Art „letzte Chance" Frankreichs deuten, bevor es als russischer Bündnispartner wegen eigener Schwäche bedeutungslos werden würde. Wenn dies so gewesen sein sollte, stand die Pariser Staatsführung natürlich unter zusätzlichem Druck, diese Chance auch zu nutzen, was die moralische Bewertung ihrer Aktivitäten etwas verändert, aber am grundsätzlichen Befund in Sachen Kriegspolitik und Verschwörung nichts korrigiert.

In ihren systematischen Analysen war die französische Militärführung in den Vorjahren zu einem ähnlichen Ergebnis wie die deutsche gekommen. Sie sah für den Fall eines Koalitionskrieges von Rußland und Frankreich in einem deutschen Angriff Richtung Westen das geeignete Mittel des deutschen Gegners. Für einen solchen Angriff müßte Deutschland allerdings so gut wie alle verfügbaren Truppen einsetzen und damit seine Ostgrenze weitgehend militärisch entblößen. Und selbst dann würde sich gegenüber Frankreich keine zahlenmäßige deutsche Überlegenheit einstellen.

Der 1912 gültige französische Mobilisierungsplan sah vor, im Kriegsfall 22 Armeekorps und 22 Reservedivisionen aufzustellen. An der Grenze zu Italien und im Großraum Paris sollten einige Reservedivisionen zurückgehalten werden. Dem deutschen Gegner traute man insgesamt 26 Korps und 34 Reservedivisionen zu, von denen 3 Korps und 10 Reservedivisionen im deutschen Osten an der Grenze zu Rußland angenommen wurden. Auf die Bataillonsebene heruntergerechnet, ging man in Paris also im Kriegsfall von einem Verhältnis von 585 aktiven französischen zu 591 aktiven deutschen Bataillonen aus. Bei den Reservebataillonen kalkulierte man mit 314 französischen zu 250 deutschen.[164] Diese Planungen wurden laufend angepaßt, ohne daß sich an der grundsätzlichen Situation bis 1914 etwas geändert hätte. Rein zahlenmäßig agierten die französischen und deutschen Streitkräfte auf

[164] Vgl. Stefan Schmidt, *Julikrise*, S. 143 f.

vergleichbarem Niveau, jedoch hatte Frankreich mit Großbritannien und Rußland gleich zwei Verbündete, die dieses Verhältnis bedeutend ändern konnten.

Mit Großbritannien hatte Frankreich zwar keine Vereinbarungen, die den Einsatz britischer Truppen in Frankreich oder überhaupt den britischen Kriegseintritt verbindlich vorgesehen hätten. Von einem solchen Schritt nahm die britische Regierung immer wieder Abstand, denn er hätte das völlig unerwünschte Licht der Öffentlichkeit und des Parlamentes auf den wirklichen Stand der britisch-französischen Beziehungen gelenkt. Zudem entsprach die verbindliche Beistandszusage für ein anderes Land in keiner Weise der britischen diplomatischen Tradition. Tatsächlich sollte später der im Jahr 1939 unter öffentlicher Aufmerksamkeit geschlossene Beistandspakt mit der Republik Polen der erste verbindliche Vertrag dieser Art sein, den es in der britischen Geschichte überhaupt gab. Die Entscheidung über den Bündnisfall und also einen britischen Kriegseintritt wurde als erstem Land der Welt Polen überlassen, wenn es sich durch „direkte oder indirekte" deutsche Aktionen in seiner Unabhängigkeit bedroht fühlen sollte.

Ein militärischer Angriff von deutscher Seite wurde also 1939 nicht einmal als notwendig erachtet, damit Großbritannien an der Seite Polens in den Krieg ziehen würde. Auch wenn die britische Regierung keine Sekunde lang daran dachte, sich über die formale Kriegserklärung an Deutschland hinaus an die Polen gegenüber abgegebenen militärischen Beistandsversprechen zu halten, bedeutete dies eine diplomatische Revolution, die im Jahr 1939 stattfand. Es machte das Wort vom „Blankoscheck" die Runde, den London für Warschau ausgestellt habe.

Vor 1914 lagen die Dinge gewissermaßen umgekehrt. Für Frankreich hatte Großbritannien keine Schecks ausgestellt oder mit ihm vertragliche Abmachungen getroffen, wohl aber Absprachen auf Ministerebene und Besprechungen der militärischen Führungen in Gang gesetzt. Sowie im November 1912 einen Briefwechsel des Außenministers Edward Grey mit der französischen Regierung in Gestalt von dessen Botschafter Pierre Paul Cambon ausgetauscht, der eigenmächtig recht verbindliche Zusagen der britischen Seite enthielt. Diese beruhten auch auf dem langjährig recht guten Verhältnis zwischen beiden Männern und galten als Vertrauenssache. In privatem Kreis räumte Grey ein, diese Briefe würden Großbritannien „zu einer Kooperation mit Frankreich verpflichten". Während der Krisensituation im Sommer 1914 erinnerte ihn dann der damalige Staatssekretär für Auswärtige Angelegenheiten Arthur Nicolson[165] an die Versprechen gegenüber Cambon, Frankreich zu unterstützen, „falls Deutschland der Aggressor sei" und Grey entgegnete: „Gewiß, aber er hat nichts Schriftliches in der Hand."[166]

In der informierten Welt der Londoner „Clubs", in denen solche Fragen teilweise intensiver verhandelt wurden als im Parlament selbst und in denen das berechnende Denken um mehrere Ecken zu den Gepflogenheiten gehörte, tippten viele auf eine verborgene Absicht hinter Greys Denken und Handeln. Der weltberühmte

165 Sir Arthur Nicolson (1849–1928), 1905–1910 britischer Botschafter in Rußland, 1910–1918 Unterstaatssekretär im Außenministerium.

166 Hier n. Clark, *Schlafwandler*, S. 283.

und mit ihm bekannte Romanautor H.G. Wells[167] drückte das später so aus:

> *„Ich denke, er wollte den Krieg, und ich denke, er wollte ihn, als er tatsächlich kam. Früher oder später würde Deutschland angreifen, so war das internationale Schachbrett beschaffen, das er anstatt der Realität sah. Es war besser, es würde angreifen, wenn seine Flotte noch substantiell schwächer als unsere wäre und wenn das Netz aus Sicherheitsbündnissen, das wir um es herum gesponnen hatten, fest sein würde. Er würde sich niemals an einem Angriff auf Deutschland beteiligt haben, einem Präventivangriff, wie man das heutzutage in Frankreich nennt, denn das war nicht in Übereinstimmung mit den Spielregeln, einfach nicht die Art von Sachen, die ein Gentleman-Land macht. Aber wenn Deutschland sich bereit zu einer Attacke fühlte, dann schön und gut, hatte der Herr persönlich es in unsere Hände gegeben.*
>
> *Es ist der Vorwurf erhoben worden, er habe Deutschland nicht deutlich gewarnt, daß wir mit Sicherheit am Krieg teilnehmen würden, daß er ausreichend doppeldeutig gewesen sei, um Deutschland das Risiko eines Angriffs eingehen zu lassen und daß er dies vorsätzlich getan habe. Ich denke, dieser Vorwurf trifft zu."*[168]

[167] Herbert George Wells (1866–1946), englischer Schriftsteller und Vorreiter der Science-Fiction-Literatur.

[168] Zit. n. Wells, *Experiment*, S. 770.

Vor allem aber – und an dieser Stelle von Wells nicht erwähnt – hatte Grey durch sein Vorgehen auf höchst elegante Art an Frankreich die Aufgabe übertragen, Deutschland in ausreichender Weise als Aggressor dastehen zu lassen und sowohl Rußland wie auch Frankreich militärisch den Vortritt gelassen. Großbritannien würde erst in den Krieg eintreten, wenn auf dem ganzen Kontinent schon gekämpft werden würde und sich aus „Kriegsschuld"-Debatten heraushalten können.

Ungeachtet vom Vorhandensein verbindlicher Abmachungen gingen die vorhandenen Absprachen Frankreichs mit Großbritannien von einem zeitnahen Einsatz sowohl der britischen Flotte als auch britischer Landstreitkräfte an französischer Seite aus. So sollte es 1914 dann ja auch kommen. Die französische Flotte hatte sich im Vertrauen auf britische Unterstützung in der Nordsee schon zuvor fast gänzlich ins Mittelmeer zurückgezogen. Marineminister Winston Churchill betrieb nach Kriegsbeginn mit Eifer nicht nur den Einsatz der eigenen Flotte, sondern auch die sofortige Landung der britischen Expeditionsstreitkräfte.

Mit Rußland verfügte Frankreich dagegen, wie gesehen, schon seit 1892 über höchst verbindliche und geheime Absprachen, die durch fortlaufende Konsultationen der Militärführungen beider Länder über die Jahre hinweg auch mit Leben erfüllt wurden. Letztlich kam aus französischer Sicht alles darauf an, daß Rußland mit der Mobilmachung seiner Streitkräfte jene militärische Reaktionskette in Gang setzte, die dann letztlich alle anderen Beteiligten zu einer Reaktion zwingen würde.

Aus französischer Sicht galt es dabei zudem, die eigenen vorhandenen vertraglichen Verpflichtungen mit Rußland vor dem Parlament und der französischen Öffentlichkeit dauerhaft geheimzuhalten. In Frankreich kannte nur die Staatsführung selbst den genauen Inhalt des mit Rußland vor Jahrzehnten geschlossenen Vertrages. Das Parlament oder gar die Öffentlichkeit hatten diesen Vertrag nie zu Gesicht bekommen und sollten das auch nicht, bis der Krieg vorbei war und die Ära der Geheimverträge lauthals als Übel der Vergangenheit beklagt wurde. 1914 aber trieb die Regierung Frankreichs unter Staatschef Poincaré und Premier Viviani eine Kriegspolitik, deren vertragliche Basis niemand kannte, und zog das französische Volk unter Falschbehauptungen in einen Krieg, den es nicht wollte.

Dieser Zwang zur Geheimhaltung war ein schwieriger Punkt und führte bis zuletzt zu kuriosen Szenen. Als nach der deutschen Kriegserklärung an Rußland vom 1. August der russische Botschafter Iswolski abends an diesem Tag bei Staatschef Poincaré vorsprach, erläuterte dieser ihm noch einmal den Zusammenhang. Frankreich müßte seinem deutschen Gegner bei der Frage der Kriegserklärung den Vortritt lassen, da für die eigene Kriegserklärung das Parlament gefragt werden müßte. Dies aber würde unvermeidlich zu einer parlamentarischen Debatte über den Inhalt des russisch-französischen Vertrages führen, die eine Gefahr für die „Einheit der Nation" darstellen würde.[169] Kurz und gut gesagt, hätte also eine Offenlegung des Vertrages und der bisherigen Abläufe der letzten Wochen die französische Öffentlichkeit über

[169] Iswolski an Sasonow, 1.8.1914, hier n. Stefan Schmidt, *Julikrise*, S. 354.

die jahrzehntelangen Machenschaften der eigenen Regierung aufklären können.

Dazu kam es nicht. Die deutsche Regierung hatte Frankreich offiziell um eine Erklärung gebeten, ihm im Fall eines russischen Angriffs nicht in den Rücken zu fallen. Nachdem diese Erklärung selbstverständlich ausgeblieben war, fügte das Deutsche Reich der langen Reihe ihrer Fehler einen weiteren hinzu und tat Poincaré den Gefallen: Am 3. August 1914 erklärte das kaiserliche Deutschland der französischen Republik den Krieg. „Noch nie wurde eine Kriegserklärung mit solcher Genugtuung aufgenommen,“ schrieb Poincaré erleichtert und sarkastisch in sein Tagebuch.

Das führt zu einem weiteren Punkt. Es darf natürlich auch nicht die ganze Kette von Fehlleistungen vergessen werden, mit denen das kaiserliche Deutschland es begünstigte, später als Aggressor dazustehen, sowohl durch politische Entscheidungen wie durch widersprüchliche Erklärungsversuche.

Reichskanzler Bethmann Hollweg behauptete an einer Stelle, daß er nicht an den kommenden Krieg glaubte, und versuchte bei anderer Gelegenheit wenig später zu beweisen, die Schachzüge seiner Feinde hätten ihn unvermeidlich gemacht. Am 30. Juli 1914 erklärte er in der Sitzung des preußischen Staatsministeriums, daß „Deutschland und England beständig zusammen an der Aufrechterhaltung des Friedens gearbeitet haben“. Am 4. August ließ er diese Behauptung in einem in aller Eile formulierten und veröffentlichten Weißbuch zu den Kriegsursachen bekanntmachen. Als dann von Großbritannien der Krieg erklärt war, belastete er die britische Regierung mit der Hauptverantwortung für die ganze Katastrophe. „Auf Befehl Englands vollzieht sich dieses Völkerschlachten," erklärte er im Dezember 1915.

Die Reihe von Fehlleistungen auf der deutschen Regierungsseite läßt sich fortsetzen. Zu ihren Gipfeln gehörte wohl die am 1. August 1914 ausgesprochene formelle Kriegserklärung an Rußland. Schließlich ging sämtliche Kriegsdrohung zwischen Rußland und Deutschland und eine seit Tagen laufende geheime russische Mobilmachung nebst einem Aufmarsch, den man in Berlin seit Jahren als „russische Dampfwalze" fürchtete, von Rußland aus. Die öffentliche Kriegserklärung Deutschlands drehte in den Augen der Weltöffentlichkeit Ursache und Wirkung um und ließ einen durchaus hinterhältig konzipierten russischen Überfallplan als deutschen Angriff erscheinen.

Tatsächlich war der deutsche Kaiser über den Verwandten auf dem russischen Thron empört, mit dem er in den Vortagen ausführlich korrespondiert hatte und der ihn hinsichtlich der russischen Pläne dabei hinters Licht geführt hatte. Nachdem Wilhelm II. schließlich verstanden hatte, in welchem Ausmaß er von „Cousin Niki", also dem so von ihm angesprochenen russischen Zaren, über dessen Kriegsplanungen mit Unwahrheiten versorgt worden war, dachte er an gründliche Revanche. Und diese Revanche sollte nicht zuletzt aus einer entsprechenden Polenpolitik bestehen. Graf Bogdan Hutten-Czapski[170],

[170] Bogdan v. Hutten-Czapski (1851–1937), preußischer Politiker und Offizier polnischer Herkunft.

der in den folgenden Jahren eine wichtige Rolle in der deutschen Polenpolitik spielen sollte, schilderte die Szene später:

> *„Ich fand den Kaiser in sehr ernster Stimmung. … Niki habe ihn belogen, und er habe die Hoffnung aufgegeben, daß es noch möglich sein werde, den Krieg zu vermeiden. Ich wisse wohl seit Jahren, daß er immer bemüht gewesen sei, ihn zu verhindern, obwohl es an günstigen Gelegenheiten nicht gefehlt hätte. Dann betonte er, daß ich sein volles Vertrauen, insbesondere hinsichtlich der Behandlung der polnischen Frage besäße, und fügte folgende inhaltsvolle Worte hinzu: ‚Es ist mein Entschluß, falls Gott der Herr unseren Waffen den Sieg verleiht, einen selbständigen polnischen Staat wiederherzustellen, mit welchem im Bunde Deutschland für immer gegen Rußland gesichert sein würde.' Hierbei rechne er auf meine und Likowskis[171] Unterstützung. … Diese ganz unerwartete Mitteilung bewegte mich tief, denn sie stellte mich plötzlich vor die Erfüllung langjähriger Wünsche und Hoffnungen."*[172]

Nun gelang es in der Folgezeit nicht, einen polnischen Staat als Sicherung gegen Rußland zu etablieren. Im Gegenteil schuf man sich mit seiner Polenpolitik einen weiteren Feind. Aber es zeigt diese Szene plastisch, wie 1914 in Berlin gedacht wurde. Schließlich forderte Wil-

[171] Edward Likowski (1836–1915), polnischer Erzbischof.

[172] Zit. n. Hutten-Czapski, *Politik,* II, S. 145.

helm II. seinen Generalstabschef Moltke sogar auf, den für den Kriegsfall geplanten „Schlieffen-Plan"-Angriff auf Frankreich abzusagen und die deutschen Armeen nach Osten umzuleiten. Vergeblich, denn dafür sei nichts vorbereitet, mußte er sich sagen lassen.

Die Berliner Militärführung setzte alles auf eine einzige Karte, die obendrein in Frankreich inzwischen bis ins Detail bekannt geworden war.[173] Auch diese langjährig geplante deutsche Offensive durch das neutralisierte Belgien stellte in politischer Hinsicht eine jener Fehlleistungen dar, die nach außen hin wie eine mutwillige Verletzung europäischen Vertragsrechts wirken mußten und sich von der Propaganda der Kriegsgegner jedenfalls mühelos so darstellen ließen. Frankreich zog in den Tagen vor dem Kriegsausbruch gar öffentlichkeitswirksam seine Truppen einige Kilometer von der Grenze zurück, um Friedensbereitschaft zu simulieren. Man wußte ja in Paris, wo und wie der deutsche Angriff kommen würde, den man abzufangen gedachte, während der russische Verbündete wie besprochen in Berlin einziehen würde. Ersteres wurde erreicht, wenn auch knapp. Das zweite trat nicht ein.

[173] Vgl. Rainer F. Schmidt, „Revanche", S. 393–425.

Die Reise nach St. Petersburg

Gehen wir zeitlich ein Stück zurück zur ominösen Reise der französischen Staatsführung nach St. Petersburg vom 20. Juli bis zum 23. Juli 1914. Jenen Tagen also, an denen der Erste Weltkrieg nach allem Anschein beschlossene Sache wurde. Schon deren Ankündigung führte seinerzeit zu erbitterten innenpolitischen Auseinandersetzungen in Paris, denn es konnte jedem Beobachter von etwas politischer Begabung und gesundem Mißtrauen klar sein, daß es dabei um die unmittelbare Kriegsvorbereitung gehen würde. Auf dieser Reise würden Tatsachen geschaffen werden. Entsprechende Vorbehalte gegen eine solche Reise gab es bereits, bevor die eigentliche Krise des Jahres 1914 ausgebrochen war. In seinem Buch über „Meine Gefangenschaft" berichtet der frühere französische Regierungschef Joseph Caillaux über ein Gespräch, das er im Mai 1914 mit Georges Louis, dem ehemaligen französischen Botschafter in Rußland, hatte: „Er sprach sofort von der Kriegsgefahr, die Europa bedrohen würde, und machte mich auf die Gefährlichkeit der Politik aufmerksam, die Poincaré gemeinsam mit Paléologue und Iswolski betreibe, betonte, daß die geplante Reise sehr folgenschwer sein werde und bat mich, mich ihr zu widersetzen."

Das Attentat von Sarajewo machte aus dieser ohnehin vorhandenen Gefahr eine akute Bedrohung. Am 7. Juli ließ der Sozialist Jean Jaurès[174] durch seine Partei der Regierung die erbetenen Reisekredite verweigern:

> *„Es scheint"*, sagte er dazu, *„daß man geneigt ist, derlei Reisen dazu zu benutzen oder vielmehr zu mißbrauchen, um im Namen Frankreichs mehr oder weniger offizielle und mehr oder weniger zweideutige Verpflichtungen einzugehen, die Frankreich unbekannt sind[175] … Diese Gepflogenheit erscheint im gegenwärtigen Augenblick gefährlicher als je. Es kann nicht geduldet werden, daß Frankreich sich in Abenteuer stürzt, die aus der Dunkelheit der orientalischen Frage entstehen können, und zwar auf Grund von Verträgen, deren Text, Sinn, Umfang und Tragweite ihm unbekannt sind." (Journal officiel[176])*

---

[174] Jean Jaurès (1859–1914), französischer sozialistischer Politiker und Kriegsgegner, am 31. Juli 1914 von dem französischen Nationalisten Raoul Villain ermordet.

[175] Jaurés spielt hier offenbar auf die Reise an, die Poincaré zwei Jahre vorher als Chef der Regierung nach Rußland gemacht hatte.

[176] „Journal officiel" sind bis heute die Protokolle und Verlautbarungen der französischen Regierungstätigkeit und der Parlamentssitzungen.

Jean Jaurès *(siehe Fußnote S. 216)*

Trotzdem bestiegen Poincaré und Viviani den Panzerkreuzer „France“ und reisten nach Rußland. Sie trafen dort am 20. Juli ein und fuhren in der Nacht vom 23. Juli wieder ab. Am Morgen des 24., um 10 Uhr überreichte der österreichische Botschafter dem russischen Außenminister den Text der serbischen Note. Um 3 Uhr nachmittags beschloß das russische Kabinett, die vorbereitenden Mobilisierungsmaßnahmen zu ergreifen. Da die französische und die russische Regierung die sofortige Überreichung der serbischen Note erwartet hatten[177] und die hauptsächlichsten Forderungen ihnen bereits bekannt waren,[178] steht es außer Frage: Sie haben bei ihren Besprechungen über die Kriegsmöglichkeit verhandelt, und die Entscheidung des russischen Ministerrates ist eine Konsequenz der vorausgegangenen Gespräche gewesen. Dennoch findet sich weder in den französischen noch in den russischen Unterlagen irgendeine Form von Pro-

---

[177] Man wird sich vielleicht fragen, warum Poincaré und Viviani Rußland verlassen haben, ohne diese Überreichung abzuwarten. Das hatte seinen Grund darin, daß sie zu einem festgesetzten Tag in Stockholm erwartet wurden. Eine derartige Reise hat ihren vorher genau festgelegten und bekannten Reiseplan. Und eben deshalb war die österreichische Regierung in der Lage gewesen, es so einzurichten, daß die Note in Petersburg erst nach Abreise der Franzosen überreicht wurde. Am 23. Juli schrieb Berchtold an den Botschafter in Paris: „Wir haben nicht gewollt, daß unsere Note dem Kaiser und den russischen Staatsmännern in dem Augenblick überreicht würde, wo sie dem Einfluß der beiden Hetzer Poincaré und Iswolski ausgeliefert waren.“ (Staatsamt für Äußeres, *Österreichische Dokumentensammlung*, Erster Teil, hier zit. Dok. 57, S. 98, Graf Berchtold an Graf Szecsen, 23. Juli 1914).

[178] Staatsamt für Äußeres, *Österreichische Dokumentensammlung*, Zweiter Teil, hier zit. Dok. 17, S. 13, Graf Berchtold an Graf Szecsen, 24. Juli 1914).

tokoll. Es blieb ein Rätsel, das auch die Gutinformierten der Pariser Politik nicht eindeutig lösen konnten.

So kam es am 27. Februar 1915 zu einem Gespräch zwischen Paul Deschanel[179], dem Parlamentspräsidenten, und dem bereits erwähnten Georges Louis, dem ehemaligen Botschafter in Rußland:

> *„Ich weiß nicht, was Ende Juli in Petersburg vorgegangen ist“*, sagte Deschanel, *„da alle Informationsmöglichkeiten durch den Krieg abgeschnitten wurden. Wissen Sie etwas?“ – „Ich“*, antwortete Louis, *„weiß nur das, was man aus den einzelnen Zeilen eines Stückes des englischen Buches entnehmen kann, die übrigens bei ihrer Wiedergabe im Gelbbuch ausgelassen wurden.“* Louis zitiert auch den Ausspruch Millerands: *„Ich habe Poincaré gefragt: Was hast du den Russen eigentlich gesagt? Ich habe es nie aus ihm herausbekommen können.“*[180]

Man ist als Historiker auf die Memoirenliteratur der Beteiligten angewiesen, die das Thema natürlich nicht ganz umgehen konnte.

> *„Wie es sich gehört, leitet Poincaré den Dialog. Bald spricht nur noch er allein. Der Zar tut nichts mehr als zuzustimmen.“*

179 Paul Deschanel (1855–1922), seit 1912 Präsident des französischen Parlaments, 1920 kurzzeitig französischer Staatspräsident.

180 Zit. n. *Die Notizbücher des Botschafters Georges Louis*, autorisierte Übersetzung aus dem Französischen, Berlin 1926, S. 178.

So berichtete Maurice Paléologue, der anwesende französische Botschafter, über diesen Auftritt, ohne über den Inhalt zu berichten. Es folgten weitere Gespräche im diplomatischen Klub und eine Rede am Abreisetag, dem 23. Juli. Paléologue schildert, daß die Großfürstinnen Anastasia und Militza ihm nachher versichert hätten, die Worte von Poincaré markierten *„ein Datum in der Weltgeschichte"*, es werde *„Krieg ausbrechen"* und *„Deutschland zerstört werden"*. Das müssen also deutliche Worte gewesen sein.

Ein Jahr später erwähnt der Zar gesprächsweise:

> *„Noch immer sind mir die entschiedenen Worte des Präsidenten der Republik gegenwärtig, die er im Augenblick seiner Abreise aus Rußland an mich richtete."*

Als der Zar am 30. Juli 1914 noch einmal zögert, die seit Tagen laufende Geheimmobilmachung, über die er seinen Berliner Verwandten auf dem deutschen Thron belogen hat, zu einer offiziellen zu machen, erinnert ihn sein Außenminister Sasonow noch einmal daran, den *„Bundesgenossen nicht zu verstimmen"*.

Es gibt also eigentlich wenig Zweifel, wie und über was in St. Petersburg zwischen der französischen und der russischen Regierung inhaltlich gesprochen wurde. Damit bestanden gute Gründe dafür, keine Aufzeichnungen darüber anzulegen, wie es ansonsten völlig üblich war und auch bei früheren russisch-französischen Regierungstreffen geschehen ist.

Eine der klarsten Stellen über den Gesprächsinhalt liefert wohl wider Willen der bereits erwähnte Paléologue, der unter dem Datum 25. Juli 1914 in seinen Erinnerungen schreibt:

> *„Um 7 Uhr abends begebe ich mich auf den Warschauer Bahnhof, um mich von Iswolski zu verabschieden, der auf seinen Posten zurückkehrt. Auf den Bahnsteigen herrscht lebhaftes Treiben; die Züge sind voll von Offizieren und Soldaten. Es riecht nach Mobilmachung. Wir tauschen rasch unsere Gedanken aus und kommen zu dem gleichen Schluß: Diesmal gibt es Krieg."*[181]

Diese Szene spielte sich, wie gesagt, am 25. Juli 1914 ab. Inzwischen lief also die am Vortag beschlossene russische Mobilmachung der Streitkräfte bereits. US-Senator Robert Owen hat die Wichtigkeit dieses 24. Juli plastisch herausgearbeitet, an dem der Untergang einer zu diesem Zeitpunkt weitgehend ahnungslosen deutschen Regierung beschlossene Sache wurde, der deutsche Kaiser noch im üblichen Skandinavien-Urlaub verweilte und tagelang danach noch keine deutschen Verteidigungsmaßnahmen ergriffen wurden. Geschweige denn solche Maßnahmen, die einen Weltkrieg hätten auslösen sollen oder als Grund für Verteidigungshandlungen anderer ihn versehentlich hätten auslösen können. Man muß es wohl nochmal sagen: Dieser Krieg, den es „diesmal gibt", wurde am 25. Juli 1914 nicht durch deutsche oder österreichische Aktivitäten verursacht.

[181] Zit. n. Erinnerungen von Maurice Paléologue, zuerst gedruckt in der Kulturzeitschrift *Revue des Deux Mondes* am 15. Januar 1921.

Während hier Iswolski auf dem Bahnhof verabschiedet wurde, also der akkreditierte russische Botschafter in Frankreich mit dem Zug nach Paris zurückkehrte, fuhren Frankreichs Staatschef Poincaré und Regierungschef Viviani ebenfalls dorthin zurück, Frankreich entgegen. Ihre Reise dauerte fünf Tage lang, da sie per Schiff stattfand. Zwischen dem Panzerkreuzer „France", der die beiden Politiker an Bord hatte und Paris, Petersburg und London muß angesichts der laufenden Kriegsvorbereitungen ein interessanter Telegrammwechsel stattgefunden haben. Auch dieser steht der Forschung bis heute nur in Ausschnitten zur Verfügung. Lediglich ein einziges Telegramm von diesem Schiff aus fand seinen Weg in das später von der französischen Regierung veröffentlichte „Gelbbuch" zur eigenen Rechtfertigung und kann als Bestätigung dafür gelten, daß tatsächlich dieser telegraphische Weg der Nachrichtenübertragung gewählt wurde; falls überhaupt eine Bestätigung dafür nötig wäre, daß die versammelte französische Staatsführung sich angesichts des sich eben von ihr selbst mit angebahnten Großkriegs keineswegs tagelang eine nachrichtenlose Auszeit in der sommerlichen Ostsee gegönnt hätte.

Schließlich setzten also auf diese Weise im Juli 1914 die französische und die russische Regierung in enger Abstimmung und unter größter Geheimhaltung langjährige Pläne um, die über die als Vorwand genommene Unterstützung Serbiens gegen Österreich in extremer Weise hinausgingen und auf die Vernichtung der bestehenden staatlichen Ordnung in Mitteleuropa zielten. Angesichts dieses zielgerichteten Vorgehens, seiner langen Vorgeschichte und der Art und Weise seiner Umsetzung kann tatsächlich sinnvollerweise von einer Verschwörung zum Krieg gesprochen werden, wie dies Senator Robert Owen schon vor hundert Jahren getan hat.

Die Historiker

Was aber sagte nun über die Jahrzehnte hinweg die Fachwelt der Geschichtsforschung zu diesen Vorgängen? So naheliegend die entsprechende Fragestellung war, ist sie in den letzten hundert Jahren von Fachhistorikern doch vergleichsweise selten deutlich gestellt und beantwortet worden; zumal, nachdem die Siegerpartei 1919 darauf bestanden hatte, sie durch eine schriftliche Schulderklärung der deutschen Regierung sicherheitshalber zu erledigen. Dies schuf zunächst einmal Tatsachen. Es trug sicher auch dazu bei, die Erforschung der Kriegsursachen von 1914 in den Rahmen von nationalen Debatten und politischer Agitation zu sperren. Einen internationalen Diskurs von Fachgelehrten stellten die Historiker Europas und der Welt ohnehin nur in seltenen Fällen her, in den Fragen des Weltkriegsgeschehens nicht.

In Deutschland bestand die Antwort auf den „Schuldparagraphen" des Versailler Friedensvertrags bekanntlich in heller Empörung, aber auch in einer jahrzehntelang von staatlicher Seite unterstützten und angetriebenen Forschung zu dieser Angelegenheit. Nachdem die „Weimarer Koalition" der Revolutionsparteien schon 1920 ihre parlamentarische Mehrheit verloren hatte und der Nutzen vorheriger Schuldeingeständnisse von deutscher Regierungsseite sich als äußerst zweifelhaft erwiesen hatte, bildete sich ein innerdeutscher Konsens darüber heraus, die alliierten Schuldvorwürfe richtigzustellen.

Dies gelang auch vergleichsweise zügig. Es blieb allerdings die wenig empirisch arbeitende, linksorientierte Historikerfraktion, die der bürgerlichen Gesellschaft, der kapitalistischen Wirtschaftsform oder dem Einfluß Preußens die grundsätzliche Verantwortung für alles Negative in Europa und der Welt zuwiesen. Allerdings geriet dieser Forschungsstand im Lauf der Jahrzehnte wieder in Vergessenheit. Zumal nach 1945, als es Gewohnheit wurde, die Verantwortung für die Weltkriegsära überhaupt und generell in Deutschland zu suchen.

Als daher der im britischen Cambridge lehrende, aus Australien stammende, Historiker Christopher Clark[182] vor mittlerweile gut fünfzehn Jahren damit begann, an seinem Werk über die „Schlafwandler" unter den verschiedenen Nationalitäten der europäischen Diplomatie zu arbeiten, die den Ersten Weltkrieg verursacht hätten, da haben ihn Kollegen gefragt, warum er das mache. Es

---

[182] Christopher Munro Clark (*1960), australischer Historiker. In seinem 2012 veröffentlichten Werk *Die Schlafwandler* relativierte er die These von der Hauptverantwortlichkeit des Deutschen Reiches am Ersten Weltkrieg und erklärte alle Beteiligten als mehr oder weniger mitschuldig.

Christopher Clark *(siehe Fußnote S. 225)*

hätten sich doch alle damit abgefunden, daß die Deutschen damals allein verantwortlich gewesen seien: „Die Deutschen auch." Clark ließ sich allerdings von derlei wurstigem Pragmatismus nicht beirren, der im Universitätsbereich eher der Standard als die Ausnahme ist. Er schrieb weiter an seiner Studie.

Im Spätjahr 2012 erschienen Clarks *Schlafwandler* dann, zeitlich präzise plaziert vor den erwartbaren Gedenkrunden zum hundertjährigen Jahrestag des Kriegsausbruchs. Die *Schlafwandler* wurden ein gewaltiger Erfolg, sozusagen das „Historische Buch des Jahres 2014", gerade auch in Deutschland, und sie verkauften sich in sechsstelliger Auflage. Das deutsche Publikum nahm die Botschaft auf, als hätte es auf sie gewartet. Und in der Tat sind hohe Verkaufszahlen sowie Publikumserfolg in der Regel eher ein Indiz dafür, daß in einem Werk latent vorhandene Meinungen bestätigt werden und sprechen weniger für einen Inhalt, an den zuvor noch niemand gedacht hätte. Die Mehrheiten lassen sich ungern durch gedruckte Argumente von etwas überzeugen, wenn sie das Gegenteil zu wissen glauben.

Die Legende von der deutschen „Alleinschuld" am Ersten Weltkrieg hatte also vorher bereits Löcher bekommen, die noch niemand so wirklich bemerkt hatte. Schließlich gehörte es gerade in der Bundesrepublik Deutschland seit den 1960er Jahren zum öffentlichen Standard, den Ersten Weltkrieg vorwiegend als deutschen „Griff nach der Weltmacht" zu verstehen. Diese Formel hatte der Historiker Fritz Fischer[183] geprägt und

[183] Fritz Fischer (1908–1999), deutscher Historiker. Fischer löste mit sei-

in einer Atmosphäre durchgesetzt, in der auch die Thesen von einer deutschen Alleinverantwortung für das Jahr 1939 erst so richtig ins Rollen kamen. Beides schien miteinander verbunden zu sein und wurde von der politischen Klasse in Deutschland auch miteinander verknüpft – bis heute. Vor nicht allzu langer Zeit sprach der Bundespräsident dieses Landes in einer Art historischer Gesamtschau erneut von der deutschen „Gewaltgeschichte", die erst durch die deutsche Vereinigung von 1871 möglich geworden wäre und dann direkt in die Weltkriegsära geführt habe. So zumindest die rhetorische Darstellung von Frank-Walter Steinmeier[184]. Wer aber die Jahre zwischen 1866 und 1945 aus innenpolitischen Gründen insgesamt für einen gewalttätigen und rein deutsch geprägten Irrweg hält, der kann politisch gesehen auch keine verteilte Verantwortung für den Krieg von 1914 brauchen.

Diesen Punkt der politischen Opportunität muß in jedem Fall im Blick behalten, wer den Lauf der öffentlichen und wissenschaftlichen Debatte über das Jahr 1914 verstehen will. Für die politische Linke und vor allem die Sozialdemokratie, die in den aktuellen Tagen des Jahres 2023 das Personal an der Staatsspitze stellt, hat die deutsche Kriegsschuld traditionellen und seit mehr als hundert Jahren verteidigten innenpolitischen Beutewert. Der

nem 1961 erschienenen Buch *Griff nach der Weltmacht. Die Kriegszielpolitik des kaiserlichen Deutschland 1914–1918* eine Debatte über die Kriegsschuldfrage am Ersten Weltkrieg aus.

184 Frank-Walter Steinmeier (*1956), deutscher Politiker der SPD und zwölfter Bundespräsident der Bundesrepublik Deutschland.

Hauptgrund ist einfach: Sie läßt sich als Druckmittel gegen alle konservativen und nationalen Strömungen gebrauchen, denen auf diese Weise eine negative Verantwortung zugeschoben wird.

Um sich gründlicher vom alten Regime zu trennen, beschuldigten die Sozialdemokraten es 1918/19 aller möglichen Fehler. Je mehr sie das Haus Hohenzollern und den Kaiser als Person belasteten, desto fleckenloser glaubten sie damals, mit der neuen Weimarer Republik dazustehen, das „andere Deutschland" zu sein. Zugeständnisse und Geständnisse im Sinn der alliierten Anklagen sollten die Hoffnungen auf einen milden Frieden stärken. Unter dieser Flagge bildete sich eine Mehrheit von Liberalen und Sozialisten, von denen die Behauptung der Feindstaaten über die alleinige Verantwortung Deutschlands und Österreichs für den Weltkrieg anerkannt wurde. Mit den oben geschilderten Schwankungen in der Intensität wird sie von den Vertretern des „anderen Deutschland" und ihren Haushistorikern bis heute anerkannt.

Solche Schwankungen traten beispielsweise ein, als Karl Kautsky[185], der als einer der Scharfmacher der Sozialdemokratischen Partei mit der Herausgabe der deutschen Akten zum Nachweiszweck der Kriegsschuld betraut worden war, zum gegenteiligen Ergebnis kam. Er hatte in voller Überzeugung angenommen, die deutsche Regierung hätte den Weltkrieg gewollt und planmäßig herbeigeführt:

[185] Karl Johann Kautsky (1854–1938), marxistischer Theoretiker und sozialdemokratischer Politiker. Mitbegründer der Unabhängigen Sozialdemokratischen Partei Deutschlands (USPD).

> *„Ich war sehr überrascht, als ich in die Akten Einsicht bekam. Meine ursprüngliche Auffassung erwies sich mir als unhaltbar. Deutschland hat auf den Weltkrieg nicht planmäßig hingearbeitet. Es hat ihn schließlich zu vermeiden gesucht."*[186]

Dennoch sparte auch Kautsky weiterhin nicht mit Kritik an der deutschen Vorkriegspolitik, die natürlich auch einen erheblichen Anteil daran hatte, den Eindruck einer Kriegsschuld erweckt zu haben. So sprach der Reichskanzler persönlich 1914 von einem feierlichen Vertrag wie der Garantie der belgischen Integrität als von „einem Fetzen Papier", eine Nachricht, die unglücklicherweise ausgerechnet in dem Moment in London eintraf, als das britische Unterhaus seiner Empörung über die hinter seinem Rücken geschlossenen Geheimvereinbarungen des Außenministers Grey mit Frankreich freien Lauf lassen wollte.

Diese Tatsachen sind keine Geheimnisse. Warum also schreiben so viele Historiker immer noch so, als hätte es nur eine Macht im Juli 1914 gegeben, die einen Krieg „gewollt" hat? Und warum soll dies ausgerechnet Deutschland sein?

Jenseits aller politischen und nationalen Mythen und den Zwängen des akademischen Historikerbetriebs, in dem eine eigene Meinung ein existentielles Berufsrisiko darstellen kann, hat ein Teil der Antwort wohl auch mit Quellen zu tun. Man schreibt gerne, daß deutsche Staatsmänner wie Bethmann Hollweg ihre Papiere „verbrannt

---

[186] Kautsky, *Delbrück*, S. 37.

haben“, und macht daraus einen Vorwurf, als wäre dies ungewöhnlich oder irgendein Schuldbekenntnis. Vor ein paar Jahren brach eine Art Skandal über die Entdeckung einiger Liebesbriefe von Kurt Riezler[187/188] aus. Man behauptete, diese Briefe lieferten endlich den Beweis für Deutschlands Kriegsschuld, den man in den „verlorenen Papieren“ Bethmann Hollwegs finden wollte, aber nicht konnte. Nun stand dies weder da noch dort, und gerade Kurt Riezlers Tagebücher[189] hatten Jahrzehnte zuvor einen schönen Einblick in die Gedankenwelt der Berliner Politik gegeben. Riezler sparte darin nicht mit Kritik an den Unzulänglichkeiten der handelnden Personen. Die Idee, sie wären im Sommer 1914 mutwillig auf Eroberungskurs gegangen, darf aber jeder nach der Lektüre getrost beiseite legen. Man lebte in Berlin in tiefer Sorge, auf den von Rußland geförderten und von der gekauften französischen Presse wohlwollend kommentierten serbischen Staatsterrorismus die falsche Antwort zu geben, der mit seinen Morden an Österreichischen Funktionsträgern in Bosnien-Herzegowina neuerdings beim Thronfolger angekommen war. Unter dem Datum des 7. Juli 1914 verzeichnete Riezler:

---

187 Kurt Riezler (1882–1955), deutscher Diplomat, Politiker und Philosoph. Als enger Vertrauter des Reichskanzlers Theobald von Bethmann Hollweg legte er in den „Riezler-Tagebüchern“ seine Ansichten über die deutschen Kriegsziele im Ersten Weltkrieg vor. Als weitere historische Quelle dienen rund 100 Briefe Riezlers an seine Verlobte Käthe Liebermann aus dem Zeitraum 17. August 1914 bis 1. Mai 1915, die 2009 auf einem Speicher in Baltimore entdeckt wurden.

188 Röhl, *Hauptquartier*.

189 Riezler, *Tagebücher*.

„Der Kanzler spricht von schweren Entscheidungen. Ermordung Ferdinands. Das amtliche Serbien beteiligt. Österreich will sich aufraffen. Sendung Franz Josefs an den Kaiser wegen casus foederis. Unser altes Dilemma bei jeder österreichischen Balkanaktion. Reden wir ihnen zu, so sagen sie, wir hätten sie hineingestoßen; reden wir ab, so heißt es, wir hätten sie im Stich gelassen. Dann nähern sie sich den Westmächten, deren Arme offen stehen, und wir verlieren den letzten mäßigen Bundesgenossen.

Diesmal ist es schlimmer wie 1912, denn diesmal ist Österreich gegen die serbisch-russischen Umtriebe in der Verteidigung. Eine Aktion gegen Serbien kann zum Weltkrieg führen. Der Kanzler erwartet von einem Krieg, wie er auch ausgeht, eine Umwälzung alles Bestehenden. Das Bestehende sehr überlebt, ideenlos, ‚alles sehr alt geworden'. Heydebrand[190] *habe gesagt, ein Krieg würde zu einer Stärkung der patriarchalischen Ordnung und Gesinnung führen. Der Kanzler empört über solchen Unsinn. Überhaupt ringsherum Verblendung, dicker Nebel über dem Volke. In ganz Europa das gleiche. Die Zukunft gehört Rußland, das wächst und wächst und sich als immer schwererer Alb auf uns legt."*[191]

[190] Ernst v. Heydebrand und Lasa (1851–1924), seit 1911 Vorsitzender der Deutschkonservativen Partei, Mitglied im Reichstag und dem Preußischen Anbgeordnetenhaus.

[191] Zit. n. Riezler, *Tagebücher*, S. 182 f.

Wo andere in Paris und St. Petersburg in diesen Tagen glänzende strategische Gelegenheiten sahen, sah der deutsche Kanzler vorwiegend den Untergang, egal wie er sich entscheide. Die sozusagen letzte Hoffnung Theobald von Bethmann Hollwegs hieß zu dieser Zeit noch Großbritannien, auf dessen Vermittlung er setzte.

So ist denn diese Diskussion über Quellen in einer Schieflage. Es liegen nicht alle *privaten* Quellen der deutschen Staatsmänner vom Juli 1914 vor, nicht alle persönlichen Briefen und Tagebücher. Das stimmt aber genauso bei privaten Papieren von französischen, russischen, serbischen und englischen Staatsmännern, von denen es nur in einen kleinen Teil (z.B. die berühmten „Liebesbriefe" vom britischen Prime Minister H. H. Asquith an Vevetia Stanley[192]) Einsicht gibt. Soll man sich nach so vielen Kontroversen über die Kriegsschuld am Ersten Weltkrieg wundern, daß so wenige private „Verdachts"-Briefe, Tagebücher usw. zugänglich geworden sind?

Ebenso interessant sieht die Lage bei den *öffentlichen* Quellen vom Juli 1914 aus. Hier gibt es einen bedeutenden Unterschied, aber nicht den, den man von westlicher Volksweisheit über den Ersten Weltkrieg erwarten würde. Die öffentlich zugänglichen deutschen und österreichischen Quellen, also alles von diplomatischer Korrespondenz bis zu stenographischen Berichten von Sitzungen

[192] Beatrice Vevetia Stanley (1887–1948), britische Adelige, die eine platonische Beziehung mit dem britischen Premierminister Herbert Henry Asquith unterhielt. Die Briefe zwischen Asquith und Stanley geben einen intimen Einblick in die persönlichen Meinungen und Gefühle des britischen Regierungschefs über die damaligen politischen Ereignisse und Akteure.

(z.B., in einem auffälligen Fall, die Sitzung am 19. Juli im Privathaus des österreichischen Außenministers Leopold v. Berchtold[193]), sind nicht nur voluminös, sondern auch leicht zu finden, weil sie schon lange veröffentlicht worden sind. Andere deutsche Quellen sind beim Politischen Archiv des Auswärtigen Amtes in Berlin, bei der Militärabteilung in Freiburg oder in den National Archives in Washington DC leicht zu finden.

Im Gegensatz dazu sind die öffentlichen französischen und besonders russischen Quellen vom Juli 1914 immer noch dünn gesät. Viele wichtige Papiere sind verschwunden oder waren nie zu finden. Das gilt zum Beispiel für die Telegramme einer ganzen Woche (vom 28. Juni bis zum 6. Juli 1914) von Maurice Paléologue, dem französischen Botschafter in St. Petersburg, nach der Ermordung des österreichischen Erzherzogs in Sarajevo. Es gibt auch Lükken in der Korrespondenz zwischen dem russischen Außenminister Sergei Sasonow und seinen Gesandten in Paris und Belgrad für zehn volle Tage nach dem 28. Juni. Die Briefe an Sasonow von Rußlands Botschafter in Paris, dem ehemaligen Außenminister Alexander Iswolski, sind für fast einen ganzen Monat nach dem Sarajevo-Attentat verschwunden. Vor dem 28. Juni 1914 gibt es an den meisten Tagen fünf oder mehr Telegramme. Dagegen liegt für die Zeit zwischen dem 19. Juni und dem 22. Juli 1914 nur ein einziger Brief an Sasonow vor – und darin ist weder von

[193] Leopold v. Berchtold (1863–1942), österreichisch-ungarischer Diplomat und Politiker. Von 1906 bis 1911 österreichischer Botschafter in St. Petersburg und vom 17. Februar 1912 bis 13. Januar 1915 Außenminister Österreich-Ungarns.

Leopold v. Berchtold *(siehe Fußnote S. 234)*

Sarajevo noch von russischer Außenpolitik die Rede, sondern lediglich von inneren Angelegenheiten Frankreichs.

Aus französischen Quellen liegen, wie gesehen, immer noch keine offiziellen Berichte über den viertägigen Gipfel vom 20. bis zum 23. Juli in St. Petersburg vor, auf dem der französische Präsident, der Zar, der russische Außenminister und der französische Premierminister zusammengetroffen sind. Nicht *ein* Fetzen Papier über diesen Staatsbesuch ist jemals aufgetaucht, trotz der ausgiebigen Forschungen von seiten sowjetischer Wissenschaftler und den Herausgebern der offiziellen französischen Dokumentensammlung über den Ausbruch des Ersten Weltkrieges.

So viel zum Mythos der „verbrannten deutschen geheimen Papiere vom Juli 1914". Die Wahrheit ist, daß ein Überfluß an deutschen und österreichischen Quellen vorliegt und vielleicht auch deshalb die historische Literatur über den Kriegsausbruch so streng deutschfeindlich eingestellt ist. Wir wissen sehr viel mehr über die Denkweise der deutschen und österreichischen Staatsmänner im Juli 1914 als von ihren serbischen, russischen und französischen Gegenspielern. Schon wenige Beispiele vermitteln einen Eindruck von den Erkenntnislücken:

Um 6 Uhr früh am 24. Juli 1914, nachdem der Inhalt des österreichisch-ungarischen „Ultimatums" an Serbien bekannt geworden war, traf Sasonow mit Serbiens Gesandtem in Rußland, Miroslav Spalajković[194] zusammen. Es

[194] Miroslav Spalajković (1869–1951), serbischer Diplomat. Während der Julikrise serbischer Gesandter in St. Petersburg. Seine optimistischen Telegramme bestärkten die serbische Regierung in ihrer Meinung, das österreichisch-ungarische Ultimatum verstreichen lassen zu können.

Miroslav Spalajković *(siehe Fußnote S. 236)*

gibt gar keine Informationen zu diesem Treffen, weil eine ganze Anzahl von Spalajkovićs Depeschen, die er am diesem kritischen Tag nach Belgrad abgeschickt hat, verlorengegangen sind. Etwas mehr Informationen zu diesem Treffen enthalten die Berichte von Deutschlands Botschafter in St. Petersburg, Friedrich Pourtalés[195].

Eine überaus interessante Lücke besteht in den Quellen zur Nacht vom 29. auf den 30. Juli 1914. Von deutscher Seite wissen wir, daß Bethmann Hollweg in dieser Nacht, kurz vor Mitternacht, endlich eine Warnmeldung von Sir Edward Grey in London bekommen hatte. Sie lautete, „sollte es zu einem allgemeinen Krieg kommen, wird es für Großbritannien schwierig, neutral zu bleiben." Noch immer wußte an diesem Tag niemand von Greys Doppelspiel und seinen Zusagen an Frankreich. Aber offensichtlich hatte er sich im Rahmen dieses Spiels entschlossen, den Schleier etwas zu lüften. Hollwegs Illusionen über eine britische Neutralität erhielten damit einen deutlichen Dämpfer. Bethmann Hollweg sandte deshalb um 2.55 Uhr morgens früh am 30. Juli 1914 jenes historische Telegramm nach Wien, in dem er den Verbündeten an die wechselseitigen Verpflichtungen erinnerte. Der angebliche deutsche „Blankoscheck" für Österreichs Vorgehen gegen Serbien von Anfang des Monats Juli sei natürlich kein solcher gewesen:

195 Jacob Ludwig Friedrich Wilhelm Joachim v. Pourtalés (1853–1928), deutscher Diplomat. Ab Dezember 1907 deutscher Botschafter in St. Petersburg. Überreichte am 1. August 1914 die deutsche Kriegserklärung an Rußland.

> *„Wir als Deutsche sind bereit, unseren Pflichten als Verbündeter nachzukommen, müssen es jedoch ablehnen, von Wien mutwillig und ohne unsere Ratschläge zu beachten, in einen Weltbrand hineingezogen zu werden."*

Zur gleichen Zeit traf Außenminister Sasonow in St. Petersburg mit dem deutschen Botschafter Pourtalés zusammen und bedauerte es sozusagen „treuherzig", daß es „nicht länger möglich sei, den Befehl für die russische Mobilmachung zurückzuhalten". Er sagte nicht, daß diese Mobilmachung schon seit fünf Tagen lief, daß man die Deutschen darüber belogen hatte und daß es jetzt nur noch darum ging, als allerletzten Schritt die Mobilmachung auch öffentlich zu machen. Schon früher in dieser Nacht hatte Sasonow darüber auch seinen Botschafter in Paris informiert. Es „bleibt uns nur eines, nämlich unsere Aufrüstung so schnell wie möglich voranzutreiben und den Krieg als unmittelbar bevorstehend zu betrachten."

Als Iswolski dieses Telegramm um 2 Uhr morgens am 30. Juli bekam, weckten er und der russische Militärattaché Graf Ignatjew den französischen Präsidenten Poincaré und Premier Viviani auf, um den Franzosen anzuzeigen, daß Rußland jetzt den letzten öffentlichen Schritt gehen würde.

Es gibt auch hier keine Quellen darüber, was bei diesem Treffen zwischen den Franzosen und Russen im weiteren noch besprochen worden ist. Begründet vermuten läßt sich, daß die russische Seite dabei erneut französische Schritte anmahnte und Poincaré über die ebenfalls schon seit Tagen verdeckt laufenden militärischen Vorbereitungen Frankreichs hinaus weiterhin nichts Öffentlich-Konkretes tun wollte, da ja der Eindruck einer deutschen Aggression nicht gestört werden durfte. Jedenfalls lagen dieses Mitternachtstreffen und die offene russische Ankündigung einer allgemeinen Mobilmachung trotz aller Geheimhaltungsbemühungen immer noch *vor* vergleichbaren Schritten in Deutschland. Das stellte manchen willigen Historiker später vor Probleme, die mit Verschweigen oder möglicherweise sogar Manipulation gelöst werden mußten. Die amerikanische Historikerin Barbara Tuchman[196] jedenfalls gab in ihrem Bestseller *The Guns of August* das falsche Datum an und ließ das Treffen zwei Tage später stattfinden. Dadurch erschien es so, als ob der russische Botschafter und der Militärattaché die Franzosen erst nach dem Erhalt von Deutschlands Ultimatum an Rußland am 31. Juli aufgeweckt hätte, nicht nach dem Erhalt der Nachricht von Rußlands Entscheidung für die allgemeine Mobilmachung am 29. Juli 1914. Solche Umkehrungen von Reihenfolgen und Zusammenhängen fanden und finden immer wieder Eingang in deutsche Hand- und auch Schulbücher. Um ein beliebiges Beispiel herauszugreifen: In *Denkmal Geschichte* des Schroedel-Verlags (Ausgabe 2015) wird die am 24. Juli begonnene russische Mobilmachung auf den 30. Juli verlegt, so daß sie als Reaktion auf Österreichs Kriegserklärung an Serbien vom 28. Juli erscheint. Die, wie wir oben gesehen haben, schon am 28. Juli laufenden Mobilisierungmaßnahmen Frankreichs werden auf den

[196] Barbara Tuchman (1912–1989), US-amerikanische Reporterin und Historikerin.

1. August verlegt und als Folge der deutschen Mobilmachung vom gleichen Tag dargestellt. Die Bestimmungen des französisch-russischen Paktes werden auf „Zusammenarbeit“ reduziert, die entscheidenden Regierungsgespräche beider Staaten in St. Petersburg vom 20.7.–23.7. völlig verschwiegen.[197]

Solchen Hindernissen zum Trotz findet auch tatsachengerechte historische Forschung weiterhin statt. So sind neben Christopher Clarks *Schlafwandlern* mit ihrer Tendenz zur gleichmäßigen Verteilung der Verantwortung für „1914“ etliche neuere Arbeiten erschienen, in denen die russische wie die französische Verantwortung für den Krieg von 1914 noch mehr betont und besser herausgearbeitet wurden. Dazu gehört die 2009 erschienene Dissertation von Stefan Schmidt[198] über „Frankreichs Außenpolitik in der Julikrise 1914“, in der die französische Politik die ihr angemessene Rolle eines Hauptakteurs der europäischen Szene erhielt. Der in den USA lehrende Sean McMeekin[199] arbeitete in *The Russian Origins of the First World War* (2011) dann die russischen Anteile am Kriegsausbruch in pointierter Weise heraus. Beiden Werken verdankt auch der Autor dieser Zeilen einige Einsichten.

Damit möchte ich schließen. Warum ist 1914 ein europäischer Krieg ausgebrochen? Und warum kam der Krieg

---

[197] Vgl. *Denkmal Geschichte*, Braunschweig 2015, S. 43.

[198] Stefan Schmidt (*1974), deutscher Historiker.

[199] Sean McMeekin (*1974), US-amerikanischer Historiker mit Forschungsschwerpunkt Neuere Deutsche und Russische Geschichte, Kommunismus und Erster Weltkrieg.

nach der Julikrise im Jahr 1914 und nicht nach der ersten oder zweiten Marokkokrise in den Jahren 1905/1911 oder nach der ersten bosnischen Krise von 1908 oder im Gefolge des ersten oder zweiten Balkankrieges 1912–1913 oder nach der sogenannten „Liman von Sanders Affäre“ im Dezember 1913–14?

Die Antwort, die man auf diese Zentralfrage der modernen Geschichte gibt, kann ein „Fenster“ zu einer ganzen Weltanschauung öffnen. Für manche patriotische Serben, Russen, Franzosen, oder Briten ist diese Frage einfach zu beantworten. Die Schuld Deutschlands steht außer Frage, und sie ist von Bedeutung für ihre nationalen Mythen. In der hier vorliegenden Schrift wird auf diese Frage ebenfalls eine klare Antwort gegeben. Sie ist allerdings weder mythisch noch eine Frage der Weltanschauung, sondern aus den vorliegenden Quellen begründet: Der Erste Weltkrieg ist im Juli und August 1914 ausgebrochen, weil die französische und die russische Regierung auf ihrer Konferenz in St. Petersburg vom 20.–23. Juli 1914 beschlossen haben, „diesmal gibt es Krieg“. Weil eine einzigartige strategische Gelegenheit genutzt werden sollte und weil auch politisch alles so gut vorbereitet war, wie es nur sein konnte.

Literaturverzeichnis

Aall, Herman-Harris: The neutral investigation of the causes of wars. An essay concerning the politics of war of the great-powers and the policy of right of small nations, Kristiania 1923

Anonymer Hrsg.: Hinter den Kulissen des französischen Journalismus. Von einem Pariser Chefredakteur. Berlin 1925 (zit. „Hinter den Kulissen")

American Association for International Conciliation (Hrsg.): International Conciliation Nr. 136. 1919 (zit. „International Conciliation Nr. 136")

Auswärtiges Amt (Hrsg.): Das deutsche Weißbuch über den Ausbruch des deutsch-russisch-französischen Krieges: vorläufige Denkschrift u. Aktenstücke zum Kriegsausbruch: nach dem Reichstag vorgelegten Material. Berlin 1914 (zit. „Weißbuch")

Bach, August (Hrsg.): Berliner Monatshefte 1927 (zit. Bach, „Monatshefte")

Barnes, Harry Elmer: The Genesis of the World War: An Introduction to the Problem of War Guilt. New York/London 1926. Dt.: Die Entstehung des Weltkrieges – eine Einführung in das Kriegsschuldproblem. Stuttgart 1928 (zit. Barnes, „Genesis")

Bathélemy, Joseph: Démocratie et Politique Etrangère. Paris 1917 (zit. Bathélemy, „Politique Etrangére")

Bausman, Frederick: Let France explain. London 1923 (zit. Bausman, „France") *v. Bernhardi,* Friedrich: Deutschland und der nächste Krieg. Stuttgart 1912 (zit. v. Bernhardi, „Deutschland")

Boghitschewitsch, Milos: Die Auswärtige Politik Serbiens 1903–1914. Band I. *Geheimakten aus Serbischen Archiven; Band II. Diplomatische Geheimakten aus Russischen, Montenegrinischen, und Sonstigen Archiven; Band III. Serbien und der Weltkrieg.* Berlin 1928–1931 (zit. Boghitschewitsch, „Geheimakten")

Brown, Kenny: Robert Latham Owen, Jr – His Careers As Indian Attorney and Progressive Senator. Phil. Diss. Oklahoma State University 1985

Clark, Christopher: Die Schlafwandler. Wie Europa in den Ersten Weltkrieg zog. München 2013 (zit. Clark, „Schlafwandler")

Denkmal Geschichte. Teil 2. Ausgabe für Rheinland-Pfalz. Braunschweig 2015

Department of State (Hrsg.): Report of Robert H. Jackson, United States Representative to the International Conference on Military Trials. Washington 1949 (zit. Department of State, „Jackson-Report")

Dupin, Gustave: Lecture on the Responsibility of the War (zit. Dupin, „Lecture")

v. Eggeling, Bernhard: Die russische Mobilmachung und der Kriegsausbruch. Beiträge zur Schuldfrage am Weltkriege. Oldenburg 1919 (zit. v. Eggeling, „Mobilmachung")

Ewart, John Skirving: The Roots and Causes of the War 1914–1918. New York 1925 (zit. Ewart, „Roots")

Georges, Louis: Tagebücher, in: „Revue Europe", 15.1.1925 (zit. „Revue Europe vom 15.1.1925")

Gooch, George Peabody: Germany. New York 1931 (zit. Gooch, „Germany"). Dt.: Deutschland. Berlin 1925

Horvath, Eugen: Le Prince Metternich et Lord Palmerston, Budapest 1926

Ders.: Transylvania and the History of the Roumanians. Budapest 1935

v. Hutten-Czapski, Bogdan: Sechzig Jahre Politik und Gesellschaft. Berlin 1936 (zit. Hutten-Czapski, „Politik")

Kautsky, Karl: Delbrück und Wilhelm II: Ein Nachwort zu meinem Kriegsbuch. Berlin 1920 (zit. Kautsky, „Delbrück")

Kennan, George: Fateful Alliance – France, Russia and the Coming oft the First World War. Manchester 1986. Dt.: Die schicksalhafte

Allianz. Frankreich und Rußland am Vorabend des Ersten Weltkrieges. Köln 1990 (zit. Kennan, „Alliance")

Keso, Edward Elmer: The Senatorial Career of Robert Latham Owen, Gardenwale 1939

Kissinger, Henry Alfred: Die Vernunft der Nationen. Über das Wesen der Außenpolitik. Berlin 1994 (zit. Kissinger, „Vernunft")

Linke, Horst Günther: Rußlands Weg in den Krieg, in: Michalka, Wolfgang (Hrsg.) Der Erste Weltkrieg. München 1994 (zit. Linke, „Rußland")

Living Age, Volume 314, Nr. 4077 August 1926 (zit. „Living Age Nr. 4077")

Marchand, René: Un Livre Noir. Paris 1922 (zit. Marchand, „Livre Noir")

McMeekin, Sean: The Russian Origins of the First World War. Cambridge 2011 (zit. McMeekin, „Russian Origins"). Dt.: Ursprung der Jahrhundertkatastrophe. Berlin 2014

Marqueritte, Victor: Documents Historiques des Alliés contre la Russie. Paris 1926 (zit. Marqueritte, „Documents")

Morhardt, Mathias: Les Preuves. Paris 1924. Dt.: Die wahren Schuldigen. Die Beweise. Das Verbrechen des gemeinen Rechts. Das diplomatische Verbrechen. Leipzig 1925 (zit. Morhardt, „Preuves")

Neilson, Francis: Wie Diplomaten Krieg machen. Leipzig 1919 (zit. Neilson, „Diplomaten")

Neitzel, Sönke: Weltmacht oder Untergang. Die Weltreichslehre im Zeitalter des Imperialismus. Paderborn 2000 (zit. Neitzel, „Weltmacht")

Oman, Charles: The Outbreak oft the War 1914–1918. London 1919 (zit. Oman, „Outbreak")

Paléologue, Maurice Georges: Am Zarenhof während des Weltkrieges. Tagebücher und Betrachtungen des französischen Botschafters in Petersburg. München 1925 (zit. Paléologue, „Am Zarenhof")

Pevet, Alfred: Les Responsables de la Guerre, Paris: Libraire de „l'Humanité", 1921

Poincaré, Raymond: The Responsibility for the War, in: Foreign Affairs Oktober 1925 (zit. „Foreign Affairs Oktober 1925 ")

Ders.: Les Origines de la Guerre. Paris 1921 (zit. Poincaré, „Origins"). Dt.: Die Ursachen des Weltkrieges. Berlin 1921

Renouvin, Pierre: The Immediate Origin of the War. New York 1969 (zit. Renouvin, „Immediate Origin")

Riezler, Kurt: Tagebücher, Aufsätze, Dokumente. Göttingen 1972 (zit. Riezler, „Tagebücher")

Röhl, John C.G. (Hrsg.): Aus dem Großen Hauptquartier. Kurt Riezlers Briefe an Käthe Liebermann 1914–1915. Wiesbaden 2016 (zit. Röhl, „Hauptquartier")

Scheil, Stefan: Der deutsche Donner. Schnellroda 2022 (zit. Scheil, „Donner")

Schmidt, Rainer: Revanche pour Sedan – Frankreich und der Schlieffenplan, in: Historische Zeitschrift 2016 (zit. Schmidt, „Revanche")

Schmidt, Stefan: Frankreichs Außenpolitik in der Julikrise 1914: Ein Beitrag zur Geschichte des Ausbruchs des Ersten Weltkrieges. München 2009 (zit. Schmidt, „Julikrise")

Schwertfeger, Bernhard (Hrsg.): Die belgischen Dokumente zur Vorgeschichte des Weltkrieges 1885–1914. Amtliche Aktenstücke zur Geschichte der Europäischen Politik 1885–1914. Berlin 1925 (zit. Schwertfeger, „Belgische Dokumente")

v. Siebert, Benno: Entente Diplomacy and the World: Matrix of the history of Europe 1909–1914. London 1921 (zit. V. Siebert, „Entente Diplomacy")

Staatsamt für Äußeres in Wien (Hrsg.): Die Österreichisch-Ungarischen Dokumente zum Kriegsausbruch, Berlin 1923 (zit. Staatsamt für Äußeres, „Österreichische Dokumentensammlung")

Stieve, Friedrich: Iswolski und der Weltkrieg. Auf Grund der neuen Dokumentenveröffentlichung des Deutschen Auswärtigen Amtes. Berlin 1924 (zit. Stieve, „Iswolski")

Tuchman, Barbara: The Guns of August. London 1962. Dt.: August 1914. Berlin 2013 (zit. Tuchman, „Guns")

Wells, Herbert George: Experiment in Autobiography. London 1934 (zit. Wells, „Experiment")

Zentralstelle für die Erforschung der Kriegsursachen (Hrsg.): Die französischen Dokumente zur Vorgeschichte des Weltkrieges – Das Französische Gelbbuch von 1914. Berlin 1928 (zit. Zentralstelle, „Franz. Gelbbuch")

Personenregister

Inhalt

Pour le Mérite

STEFAN SCHEIL
POLENS ZWISCHENKRIEG
Der Weg der Zweiten Republik von Versailles nach Gleiwitz

320 S. – s/w. Abb. – geb. im Großformet – € 25,95. – Der renommierte Historiker arbeitetdetailliert heraus, daß die polnische Großmachtpolitik mit dazu beitrug, das Kriegsszenario von 1939 überhaupt erst zu erzeugen.

STEFAN SCHEIL
DER OBERSTE KRIEGSRAT 1939/1940
Das britisch-französische Steuerungsgremium für den geplanten Dreijahreskrieg gegen Deutschland

320 S. – viele s/w. Abb. – geb. im Großformat – € 29,80. – Der Autor zeichnet das schockierende Bild des französisch-britischen Vernichtungswillens gegen das Deutsche Reich.

WERNER MASER
DER WORTBRUCH
Hitler, Stalin und der Zweite Weltkrieg

480 S. – viele s/w. Abb. – geb. im Großformat – € 29,80. – Materialreich wird die Planung Stalins für einen Erstschlag gegen das Deutsche Reich belegt und so mit der Legende von der „heimtückisch überfallenen" Sowjetunion aufgeräumt.

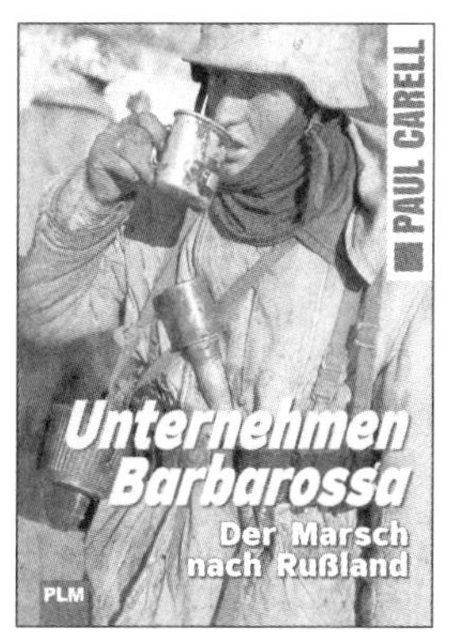

PAUL CARELL
UNTERNEHMEN BARBAROSSA
Der Marsch nach Rußland

608 S. – viele s/w. Abb. – geb. im Großformat – € 29,80. – In ebenso sachlicher wie fesselnder Art hat Carell die Ereignisse des deutschen Feldzuges gegen die Sowjetunion sowohl aus der Sicht der Soldaten wie aus der Perspektive der großen Strategie erfaßt.

PAUL CARELL
VERBRANNTE ERDE
Schlacht zwischen Wolga und Weichsel

552 S. – viele s/w. Abb. u. Karten – geb. im Großformat – € 29,80. – Packend schildert Carell die verlustreichen Rückzugskämpfe des deutschen Heeres der Jahre 1943 und 1944 aus den Weiten Rußlands bis an die deutsche Ostgrenze.

PAUL CARELL
STALINGRAD
Sieg und Untergang der 6. Armee

256 S. – viele s/w. Abb. u. Karten – geb. im Großformat – € 25,95. – Kenntnisreich rekapituliert der Autor die deutsche Offensive des Jahres 1942 und die erschütternde Tragödie des Kessels von Stalingrad, die als Wendepunkt des Krieges im Osten gilt.

Verlag für Militärgeschichte

Pour le Mérite

VIKTOR SUWOROW
STALINS VERHINDERTER ERSTSCHLAG
Hitler erstickt die Weltrevolution
352 S. – s/w. Abb. – geb. im Großformat – € 29,80. – Der Bestsellerautor und ehemalige Generalstabsoffizier der Roten Armee legt weitere Beweise für die 1941 geplante Militäroffensive Stalins gegen Europa vor.

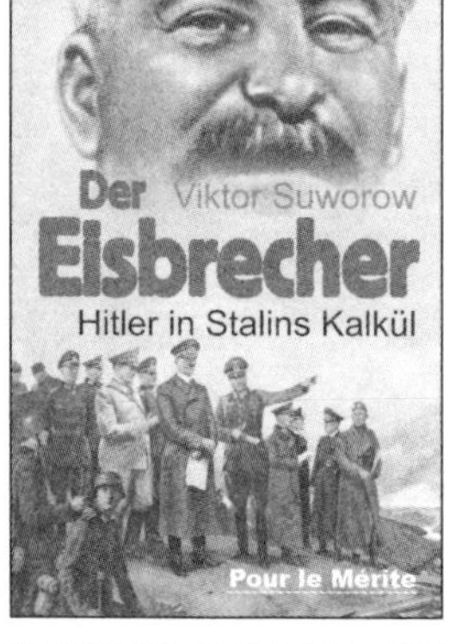

VIKTOR SUWOROW
DER EISBRECHER
Hitler in Stalins Kalkül
512 S. – s/w. Abb. und Karten – geb. im Großformat – € 32,80. – Der Autor – ehemals Offizier des sowjetischen militärischen Geheimdienstes GRU – wurde zum Kronzeugen für die systematischen Kriegspläne Stalins gegen das Deutsche Reich in den 1930er und frühen 1940er Jahren.

VIKTOR SUWOROW / DMITRIJ CHMELNIZKI
ÜBERFALL AUF EUROPA
Plante die Sowjetunion 1941 einen Angriffskrieg? Neun russische Historiker belasten Stalin
320 S. – viele s/w. Abb. u. Karten – geb. im Großformat – € 25,95. – Eine geballte Ladung von Fakten und Argumenten beweist Stalins Angriffsabsichten auf Westeuropa.

Reinhard Oltmann

Der Rußlandkrieg in Farbe!

Der Ostfeldzug war gekennzeichnet von immensen Geländegewinnen und riesigen Kesselschlachten mit Millionen von russischen Kriegsgefangenen. Aber die deutschen Soldaten lernten auch die Tücken des Feindeslandes kennen: verschlammte Rollbahnen, mörderische Winter und Partisanen. Nach einer sachkundigen Einführung erstehen in atemberaubenden, teilweise bisher unveröffentlichten Farbfotos Faszination und Schrecken dieses Feldzugs zu neuem Leben. Jeder Band 160 S., durchgängig farbig, geb. im Atlas-Großformat. **je Band € 27,95**

Band 1: Sturm auf Moskau
Von Finnland bis zum Schwarzen Meer (1941). – Spätestens seit Stalins Angriff auf Finnland im Dezember 1939 wußte Hitler, daß die expansive Politik der Sowjetunion früher oder später eine Gefahr für das Deutsche Reich bedeuten würde. Trotzdem fiel es dem deutschen Staatschef nicht leicht, den Angriff auf die UdSSR für den 22. Juni 1941 zu befehlen, doch die Entwicklung der Ereignisse gab Hitler recht: Die Rote Armee war bereits zum Angriff aufmarschiert… – In atemberaubenden Farbfotos ersteht eine Geschichtsepoche zu neuem Leben. Eine sachkundige Einführung skizziert das Zeitgeschehen und beleuchtet Hintergründe und Verlauf des ersten Jahres des Rußlandkrieges.

Band 2: In die Tiefen Rußlands. Durchbruch zu Wolga und Kaukasus (1942)

Band 3: Schicksalswende im Osten. Von Stalingrad nach Ostpreußen (1943/45)

Alle drei Bände zusammen: nur € 69,90 (Sie sparen € 13,95!)

Verlag für Militärgeschichte